유튜브,
이젠 나도!
유튜버

전은재 지음

BM (주)도서출판 성안당

언제까지 유튜버 채널을
만들 생각만 하고 계실 건가요?

안녕하세요! 영상 CG 마법사 전은재입니다. 요즘은 글보다는 주로 영상으로 소통하는 세대들이 많아졌습니다. 영상을 즐길 수 있는 플랫폼들은 계속 나오고 있고 현재에도 개발되고 있으며, 지금은 블로그를 넘어 전 세계 시청자와 영상을 공유하는 유튜브 시대라고 해도 과언이 아닙니다. 유튜브는 이용자 수 19억 명, 하루 시청 10억 시간의 통계가 말해주듯이 세계에서 가장 큰 동영상 플랫폼입니다. 이제 유튜브를 통해 내 일상을 공유하는 브이로그부터 내가 관심이 있는 주제를 동영상으로 만들어 같이 즐기고, 정보를 서로 공유하게 되었습니다.

저도 이전에는 페이스북이나 인스타그램에 영상을 올리는 것이 전부였습니다. SBS 방송의 〈세상에 이런 일이, CG 마법사〉와 YTN 채널의 〈황금나침반, 금손〉에 출연하여 손쉽게 영상을 편집하여 영상 효과를 소개한 이후에 많은 분의 요청과 응원에 힘입어 2018년 11월부터 채널을 본격적으로 운영하게 되었고, 지금은 〈Eunjae IM 전은재〉 채널을 운영하고 있습니다.

계획 없이 유튜브를 시작했을 때, 콘텐츠의 내용보다 의외로 유튜브 환경을 이해하는 것에 많은 시간과 노력이 들었습니다. 단순히 '영상을 촬영해서 유튜브에 올리면 되겠지!'라고 생각했지만, 촬영기기부터 조명, 최적의 영상을 설정하는 방법 등 의외로 여러 가지 문제가 있었습니다. '유튜브 선배님' 같은 분이 옆에 계셔서 유튜버가 되는 과정부터 어려움이 생길 때마다 도움을 받고 싶다는 생각을 수백 번은 한 것 같습니다.

이 책은 유튜브를 시작하려는 독자분들에게 단순히 동영상을 업로드하고 시청하는 것을 넘어서, 유튜브의 기능과 몰랐던 비밀을 친절하게 알려줄 것입니다. 처음부터 수익을 따르는 것보다는 자신이 가장 흥미를 느끼고, 꾸준히 아이템을 개발하여 시청자에게 유용한 정보를 공유할 수 있는 멋진 유튜버가 되길 바랍니다. 이 책이 출간되기까지 도움을 주신 성안당 김해영 차장님과 최옥현 상무 이사님, 앤미디어 편집팀 박기은 님, 이혜준 님에게 감사의 마음을 전합니다.

CG 마법사 전은재

처음 시작하려는 유튜버를 위한 한마디

유튜브 세계의 도전을 환영합니다. 현직 유튜버가 처음 유튜브를 시작하려는 독자분들에게 생생한 메시지를 전달합니다.

김리온
레벨큐 / 리온사이드

유튜브를 시작할 때 아이템을 선정하는 것이 중요합니다. 이미 많은 사람들이 유튜브를 하고 있기 때문에 독창적이고 새로운 것을 찾기 어렵지만, 본인의 색깔을 보여주는 콘텐츠를 만들어야 합니다. 같은 주제라도 나의 채널을 찾게 만드는 것이 중요하기에 많이 고민하고 노력해야 하는 부분입니다. 그렇게 시작한 후에는 구독자가 쉽게 늘지 않아도 꾸준히 열심히 해야 합니다. 구독자를 늘리는 일은 쉽지 않지만 양질의 콘텐츠를 지속적으로 제공하면 성공 가능한 것이 유튜브 시장입니다. 유튜브를 시작하는 여러분을 응원합니다.

김용만
데르센

유튜브라는 공간에서 자신이 가장 잘하는 것을 콘텐츠로 만들면 누구나 선생님이 될 수 있습니다. 콘텐츠라고 해서 너무 어려우면 시청자도 어렵게 생각하며, 그렇다고 재미 위주로만 만들면 전문성에 의심을 받을 수도 있습니다. 그러므로 시청자들에게 전문성과 재미를 보여줄 수 있는 영상을 만들어야 하죠. 물론 두 가지 모두 충족시키는 것은 생각처럼 쉬운 것이 아닙니다. 하지만 잘 조합한다면 여러분의 이름으로 책을 낼 수도 있고, 강연에 초청을 받을 수도 있습니다. 유튜브라는 공간에서 가장 자신 있는 것으로 시작하세요. 구독자를 늘리고 수익을 내는 것에 그치는 것이 아니라, 여러분에게 무한한 기회가 될 수 있는 다양한 길을 열어 줄 것입니다.

파테숨
그래픽 디자이너

다들 한번쯤은 해보고 싶어 하는 크리에이터 활동인 1인 콘텐츠의 매력은 내가 하고 싶은 걸 한다는 점이죠. 분야가 무엇이든 내가 재밌어 보이는 걸 하고, 그걸 자랑하고 공개하다 보면 스스로가 하나의 캐릭터가 됩니다. 이렇게 만들어진 콘텐츠와 캐릭터는 나의 포트폴리오와 자존감이 되죠. 하면 할수록 따라오는 결과와 콘텐츠로 유입되어 들어오는 다양한 기회들은 항상 새롭고 매력적입니다. 하고 싶은 걸 더 많이, 더 열심히 할 수 있게 되니까요. 유튜브에서의 수익을 따지기 위해서는 더 깊게 파고들어야 하지만, 나 재밌으려고 하는 거잖아요? 다들 하고 싶은 것 놓치지 말고 꼭 하셨으면 좋겠습니다.

예제 파일 다운로드

1 성안당 홈페이지(http://www.cyber.co.kr)에 접속하여 회원가입한 뒤 로그인하세요.
2 메인 화면 왼쪽의 '자료실'을 클릭하고 '자료실'의 [바로가기 ▶] 버튼을 누른 다음 검색 창에서 '이젠 나도 유튜버'를 검색하세요.
3 검색된 목록을 클릭하고 [자료 다운로드 바로가기]를 눌러 예제 파일을 다운로드한 다음 찾기 쉬운 위치에 압축을 풀어 사용하세요.

유튜버 되기 4단계 코스

유튜버가 되는 것은 결코 어렵지 않습니다. 스마트폰만으로도 간단한 영상을 촬영하여 올릴 수 있으니까요. 영상을 만들면서 부족한 부분이 보이면 다음 코스를 밟아가면서 도전해 보세요.

1 유튜버 되기 3일 코스

당장 내일이라도 유튜버가 되길 원한다면 3일 코스에 도전해 보세요. 유튜브의 핵심 기능을 익히고, 스마트폰으로 영상을 촬영한 다음 구글 계정을 만들어 유튜브에 영상을 올려보세요. 일상을 촬영하고 바로 영상을 올리는 재미를 느낀다면 이미 유튜버로서의 생활은 시작된 것입니다.

PART 1	100%
PART 2	100%
PART 3	20%

2 유튜버 되기 1주 코스

단순하게 촬영한 영상을 올리는 과정에 만족하지 않는다고요? 별도의 영상 편집 프로그램 없이 유튜브에서 제공하는 편집 기능으로 불필요한 영상 부분을 자른 다음 영상 길이를 조정하고, 자막을 넣어 본격적인 유튜브 영상 폼을 갖춰보세요. 영상이 만들어졌다면 페이스북이나 카카오톡으로 영상을 공유할 수 있습니다.

PART 1	100%
PART 2	100%
PART 3	100%

3 유튜버 되기 2주 코스

구독자를 슬슬 늘려보고 싶은 욕심이 생기나요? 그럼 먼저 영상을 제대로 편집하는 방법을 알아야 합니다. 그렇다고 무리한 영상 편집은 금물! 꼭 필요한 영상 편집 기법을 배워 영상을 올려보세요. 올린 영상은 구독자들이 쉽게 검색할 수 있도록 태그도 달고, 카드 영상과 구독을 유도하는 종료 영상 등 다양한 방법으로 구독자 수를 늘려보세요.

PART 1·2·3	100%
PART 4	100%
PART 5	70%

4 유튜버 되기 3주 코스

남들은 유튜브로 용돈을 벌기도 하고, 유튜버로 본업을 바꿨다는 얘기를 들을 때마다 수익에 대한 욕심도 생기기 마련입니다. 그럼 내 채널을 포토샵 등을 이용하여 디자인도 정비해야 하고, 채널에 섹션 관리부터 구독자 입장에서 내 채널을 손봐야 할 필요도 있죠. 이제 내 채널을 찾는 시청자와 인기 영상을 파악하여 전략적으로 어떻게 만들까를 생각한다면 이젠 나도 멋진 유튜버가 된 셈입니다.

PART 1·2·3·4·5	100%
PART 6	60%
PART 7	100%

유튜버가 되기 위한 7단계 과정 학습 방법

유튜브에 내 채널을 만들기 전에 이 책에서 제시하는 유튜버가 되기 위한 단계별 학습 방법을 미리 알아보세요. 단계별 학습 페이지를 찾아 필요한 부분만 학습할 수 있습니다.

0 START!

유튜브 시작을 마음먹었다면 어떤 주제와 스토리로 유튜브를 이끌어갈 것인지 생각해 보세요. 내가 가장 관심 있고 잘하는 아이템을 선택해야 오랫동안 내 채널을 유지하면서 꾸준히 영상을 올릴 수 있답니다. 내가 즐길 수 있는 아이템이 결정되었다면 이제부터 시작입니다.

1 구글 계정 만들기

구글 계정이 있어야 유튜브에 로그인할 수 있으므로, 가장 먼저 구글 계정을 등록합니다. 아이디와 패스워드를 등록하여 메일과 유튜브, 앱 등 서비스를 사용할 수 있도록 만드는 과정입니다.

PART 01 ·························· Section 08

실시간으로 영상을 내보내는 라이브 방송으로 구독자를 위한 이벤트에 도전해 보세요.

PART 04 ····················· Section 08~10

7 수익 설정하기

유튜브는 자신이 잘하는 아이템을 영상으로 업로드하는 즐거움도 있지만, 수익까지 올릴 수 있다면 더욱 좋겠죠? '지피지기면 백전백승!' 일단 채널 수익을 위한 설정 방법부터 내 영상이 어디에서, 어떤 경로를 통해 시청하는지, 가장 인기 있는 채널은 어떤 것인지 파악해야 수익이 보입니다.

PART 07 ····················· Section 01~10

6 내 채널 관리하기

유튜브에 영상만 올렸다고 저절로 구독자가 늘까요? 잘되는 채널은 영상이 주제별로 정리되어 있고, 방문하는 구독자를 위한 채널을 별도로 설정하기도 합니다. 불필요한 영상은 삭제하거나 이벤트 형식으로 실시간 방송을 실시하여 구독자들에게 즐거움을 선사하기도 합니다.

PART 04 ····················· Section 01~10
PART 07 ····················· Section 03

② 유튜브 채널 만들기

유튜브에 사용할 채널을 만드는 과정입니다. 유튜브의 채널은 마치 하나의 방송국에 여러 개의 채널이 있는 것과 같은 개념입니다. 영상 주제에 맞게 여러 개의 채널을 만들 수도 있습니다.

PART 04 ·················· Section 01 · 02

③ 영상 촬영하기

동영상을 올리기 위해서는 먼저 스마트폰이나 카메라의 영상 촬영 기능으로 동영상을 촬영해야 합니다. 사진과는 다르게 영상은 흔들림과의 싸움입니다. 영상을 촬영할 때는 반드시 삼각대나 짐벌 등을 이용합니다.

PART 01 ·········· Section 03 · 04 · 05 · 07

노이즈 No! 유튜브 영상을 효과적으로 촬영하는 영상 촬영 방법을 학습해 보세요.

PART 01 ·················· Section 07

포토샵을 이용하여 내 유튜브 채널의 격을 올려보세요. 작은 차이가 큰 결과의 차이를 만듭니다.

PART 06 ·················· Section 01 ~ 08

영상 업로드하기 ⑤

영상이 만들어졌다면 유튜브에 영상을 올리는 과정입니다. 영상을 올릴 때는 시청자가 영상을 볼 수 있도록 공개 범위부터 특정 시간에 올릴 수 있도록 예약 공개가 가능합니다. 영상 홍보를 위해 전체 영상 또는 부분 영상을 페이스북이나 트위터 등 다양한 소셜 네트워트로 공유할 수도 있습니다.

PART 03 ·················· Section 05
PART 04 ·········· Section 07 · 08 · 09 · 10 · 13

영상 편집하기 ④

촬영된 영상을 보기 좋고 친절한 영상으로 만들기 위해 유튜브의 기본 편집 기능이나 프리미어 프로(유료), 곰믹스(무료) 등과 같은 영상 편집 프로그램을 이용하여 편집합니다. 영상을 자르거나 붙이고, 영상 효과나 자막, 필터 등의 다양한 기능을 적용하여 완성도 있는 영상을 만듭니다.

PART 03 ·········· Section 06 · 07 · 08 · 09 · 10
PART 05 ·················· Section 01 ~ 21

이 책을 보는 법

유튜브 입문을 위해 가장 쉽게 배울 수 있도록 꼭 알아두어야 할 이론과 스페셜, 따라하기 방식으로 구성했습니다. 이 책의 보는 방법을 미리보기 형식으로 알아보겠습니다.

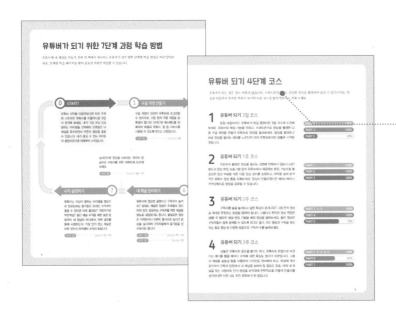

학습 방법

유튜브를 시작하기 전에 유튜버가 되기 위한 작업 과정과 나에게 딱 맞는 학습 방법을 찾아봅니다.

페이지 구조

페이지별 설명을 한눈에 볼 수 있도록 구성하였습니다. 복잡한 유튜브와 프로그램 페이지 구조를 한번에 파악해 보세요.

따라하기

유튜브 채널 만드는 과정을 쉽게 배울 수 있도록 따라하기 방식으로 설명합니다. 과정별로 차근차근 따라하다 보면 어느새 유튜브 채널이 만들 수 있을 것입니다.

팁

따라하기를 위한 추가 설명을 위한 팁으로 구성하였습니다.

알아두기

해당 섹션에서 알아두면 좋은 내용을 알아두기 코너를 두어 쉽게 이해할 수 있습니다.

하나 더!

유튜브 채널 제작 시 알아두면 도움이 되는 내용을 스페셜 페이지로 구성하였습니다. 남들보다 특별한 멋진 유튜브 채널을 만들어보세요.

차례

01   1인 1유튜버가 되는 날까지, 출발!

02   유튜브의 핵심 기능, 어디까지 알아봤니?

03 이것만 알면, 나도 웬만한 유튜버만큼 한다!

04 영상을 올린 후에는 채널 관리가 중요해!

05 어서 와! 영상 편집은 처음이지?

06 구독을 유혹하는 꼭 필요한 채널 요소 만들기

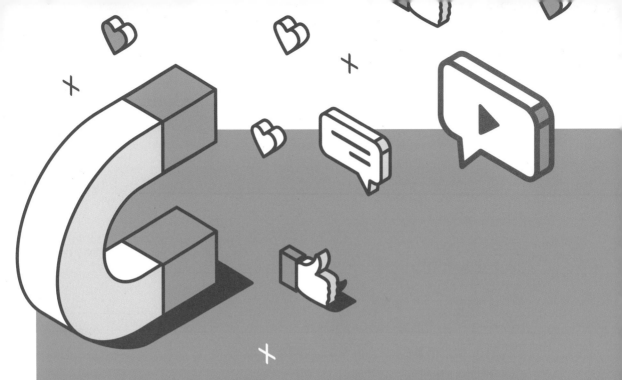

YouTube

1인 1유튜버가 되는 날까지, 출발!

나만의 홈페이지를 갖고 싶어 하던 시절이 있었습니다. 추억의 싸이월드부터 블로그, 페이스북을 거쳐 이제는 유튜브의 전성시대가 되었습니다. 이제부터 유튜브를 시작하기 위한 준비물부터 영상 활용 방법, 구글 계정 생성에 대해 알아보겠습니다. 자, 이제 유튜버가 되기 위한 준비되셨나요?

01 > 유튜브를 즐기기 위한 시작!

유튜브는 10대에서 50대까지 가장 많이 사용하는 동영상 공유 사이트입니다. 유튜브로 정보를 찾아 보고, 적극적으로 자신의 영상을 만들어 공유하고 있습니다. 친구들과의 파티 영상을 공유하기 위해 만들어진 만큼 이제 유튜브를 즐기기 위해 시작부터 알아야 할 것들을 차근차근 살펴보겠습니다.

01 쉽게 영상을 공유하기 위한 유튜브

유튜브는 구글이 운영하는 동영상 공유 서비스로, 사용자가 동영상을 업로드하고 시청하며 공유할 수 있는 영상 공유 사이트입니다. 당신(You)과 브라운관(Tube, TV)이라는 단어의 합성어로써 '모두가 쉽게 영상을 공유할 수 있는 기술'을 구현하는 것이 유튜브의 목표입니다. 마음에 드는 동영상과 음악을 감상하고, 직접 만든 콘텐츠를 업로드하여 친구, 가족뿐 아니라 전 세계 사람들과 콘텐츠를 공유할 수도 있습니다.

유튜브에는 비디오 클립, 뮤직비디오, 학습 비디오 등과 같은 동영상 형태로 된 파일의 업로드가 가능합니다. 대부분의 동영상은 회원 가입을 하지 않아도 볼 수 있지만, 동영상을 게시하기 위해서는 회원 가입이 필요합니다. 유튜브에서는 자신이 직접 채널을 만든 다음 편집하고 설정할 수 있도록 하며, 게시된 동영상을 평가하고 재생 기록 등을 기준으로 추천 동영상을 표시합니다. 각 영상은 2GB, 15분까지 동영상 파일을 업로드할 수 있으며, 유튜브 규약의 위반이 없는 회원의 경우에는 인증을 통해 12시간 길이까지의 동영상 파일을 게시할 수 있습니다.

유튜브에서는 *.mov, *.avi, *.mkv, *.mp4, *.flv 등 대부분의 동영상 파일 포맷과 *.mpeg-4, *.mpeg, *.vob, *.wmv 등의 인코딩 방식의 동영상 파일을 업로드할 수 있습니다. 업로드된 동영상은 모두 *.flv 형태로 재압축되므로 원본 화질의 동영상을 다운로드할 수는 없습니다.

최근에는 광고가 전혀 없고 모바일 환경에서 온라인 재생과 오프라인 재생이 가능하도록 지원하는 유튜브 프리미엄 서비스를 시작하였습니다. 이 서비스는 구글 뮤직 서비스를 기본으로 포함하며, 재생 목록을 작성하여 음악 재생 목록과 함께 편집하고 자동으로 목록을 작성할 수 있어 음악 앱처럼 유튜브에 있는 모든 동영상 콘텐츠를 재생하고, 관리할 수 있습니다.

(02) 인기 있는 유튜브 콘텐츠 검색하기

매일 1억 뷰의 영상 조회 수를 기록하는 유튜브에서 인기 있는 유튜버로 자리 잡기에는 처음부터 쉽지 않을 수 있습니다. 유튜브를 사용하는 목적이 내가 좋아하고 잘하는 것을 주제로 다른 사람과 공유하고, 공익에 반하지 않는다면 어떠한 주제도 상관없습니다. 즐기면서 유튜브를 관리해야 지속해서 운영할 수 있으니까요. 하지만 수익을 위해서 또는 인기 유튜버가 되기 위해서가 목적이라면 과연 어떠한 주제가 인기 있는지 살펴볼 필요가 있습니다.

⌖ 유튜브 순위 사이트 접속하기

1 크롬 브라우저를 실행한 다음 유튜브에서 가장 인기 있는 채널의 순위를 알려주는 'socialblade.com' 사이트에 접속합니다. 〈번역〉 버튼을 눌러 한글로 표시합니다. 메뉴에서 [상위 목록]을 누릅니다.

TIP 크롬 브라우저에는 영문 사이트의 경우 번역 기능이 있어서 바로 한글로 번역해서 표시합니다.

⌖ 상위 목록 선택하기

2 유튜브에서 가장 인기 있는 채널을 살펴보기 위해 분류에서 [YouTube 채널 상위 100 개]를 선택합니다.

✐ 국가별 순위 검색하기

3 국가를 기준으로 순위를 살펴보기 위해 왼쪽 메뉴에서 TOP 250 BY COUNTRY 항목의 [SELECT A COUNTRY]를 누른 다음 [Korea South]를 선택합니다. 오른쪽에 인기 순위가 표시되면 보고 싶은 채널을 누릅니다.

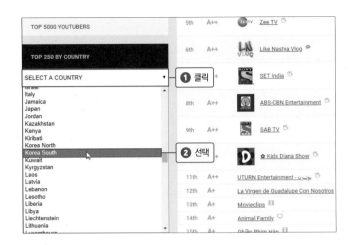

✐ 채널 정보 확인하기

4 선택한 채널의 분류 및 조회 순위, 구독자 수, 예상 수입 등 채널 정보를 확인할 수 있습니다.

나만의 유튜브 아이템 찾기

인기 있는 주제라고 해서 해당 주제로 유튜브 채널을 만들면, 이미 경쟁 유튜버도 많고 관련 유튜브 동영상도 많기 마련입니다. 유튜브의 생명력을 높이는 방법은 내가 좋아하는 아이템으로, 꾸준히 영상을 만들어 올리는 것입니다. 처음에 구독자 수나 시청자 수가 늘지 않는다고 포기하거나 인기 주제만 찾다 보면 자신의 유튜브 채널 브랜드는 오히려 떨어질 수도 있습니다. 따라서 인기 있는 주제와 최근 유튜브 트렌드를 검색하고 이해하는 것은 좋지만, 무작정 따라갈 필요는 없습니다.

유튜브 처음 시작하기

유튜브 핵심 기능 배우기

영상 업로드와 수정하기

내 채널 관리하기

영상 편집하기

채널 요소 만들기

유튜브로 수익 내기

02 > 유튜버가 되기 위한 준비물 알아보기

유튜브는 동영상을 기반으로 하는 공유 사이트이므로 영상 제작은 필수입니다. 영상을 제작하기 위해서는 기본으로 PC와 영상을 촬영할 수 있는 스마트폰 또는 카메라, 영상을 편집할 수 있는 편집 프로그램이 필요합니다. 처음부터 비용을 들여 고가의 장비를 구매하는 것보다는 기존에 가지고 있는 도구들을 이용하는 것이 좋으며, 사용 목적과 필요에 따라 하나씩 전용 장비들을 구매하는 것이 좋습니다.

01 영상 편집을 위한 PC

일부 유튜브 프리미엄 콘텐츠(예 : 영화, TV 프로그램, 실시간 이벤트)의 경우 최적의 스트리밍 속도를 확보하기 위해 더 빠른 인터넷 연결 속도 및 더 우수한 처리 능력이 필요합니다. 필요한 PC 사양은 다음과 같습니다.

- 운영체제 : 윈도우 7 이상, 맥 OS X 10.7 이상
- 인터넷 : 1Mbps 이상의 인터넷 연결 속도
- PC 메모리 : 기본 4GB 메모리, 권장 8~16GB 메모리
- PC 하드디스크 : 설치와 운영을 위한 8GB 이상의 공간

▲ 웹캠이 장착된 노트북

02 영상 촬영을 위한 스마트폰 & 카메라

대다수의 유튜버들은 스마트폰을 이용하여 유튜브에 영상을 올립니다. 대부분의 시청자들이 스마트폰으로 영상을 감상하기 때문에 휴대가 간편한 스마트폰만으로도 멋진 영상을 촬영할 수 있기 때문입니다. 단지 영상을 장시간 촬영하면 스마트폰은 카메라보다 저장 공간이 작고, 배터리 소모가 빠른 단점이 있습니다.

▲ 아이폰

▲ 갤럭시 　　　　　　　　　　　▲ LG V시리즈

카메라는 미러리스 카메라와 DSLR 카메라의 영상 촬영 기능으로 촬영합니다. 미러리스 카메라는 상대적으로 크기가 작고, 휴대가 편리해서 일상 영상을 촬영할 때 사용합니다. 반면 DSLR 카메라는 부피가 크기 때문에 주로 실내에 고정한 상태에서 고품질의 영상을 촬영할 때 사용합니다.

▲ 미러리스 카메라 　　　　　　▲ DSLR 카메라 　　　　　　▲ 액션캠

03 영상을 밝고 화사하게 만드는 조명

조명은 영상의 품질을 높이는 가장 중요한 장비이기도 합니다. 조명에 따라 영상이 어둡거나 칙칙하게 표현되기도 하고, 밝고 깔끔해지기도 합니다. 유튜브 영상에 알맞은 조명으로는 LED로 구성된 조명과 전통적으로 사진 촬영에 사용하는 지속광인 스탠드 조명을 사용합니다.

▲ 카메라와 스탠드에 장착이 가능한 LED 조명

▲ 뷰티, 메이크업에 주로 사용하는 링라이트 조명

▲지속광 촬영용 소프트박스 조명

알아두기

유튜브 영상 촬영 시 링라이트 조명을 사용하면 가운데 뚫린 부분의 거치대에 스마트폰 장착이 가능하여 그림자 없이 영상을 촬영할 수 있습니다.

링라이트 조명 ▶

04 노이즈를 줄이는 마이크

스마트폰이나 캠코더로 촬영할 경우에는 마이크에 크게 신경 쓰지 않아도 됩니다. 자체 마이크 기능을 사용해도 되기 때문입니다. 단, 실내에서 PC를 이용하여 PC 화면이 필요한 게임 방송이나 프로그램 관련 영상을 준비한다면 별도의 마이크가 필요합니다. 이 경우 노이즈를 최대한 줄이는 마이크를 권장합니다.

▲ 야외용 핀마이크

▲ 먹방, ASMR용 마이크

▲ 스마트폰용 핀마이크

03 > 최소한의 흔들림 방지를 위한 삼각대 사용하기

스마트폰 영상 촬영 기술의 발전으로 이제 유튜브 영상은 스마트폰만으로도 고품질 영상을 촬영할 수 있습니다. 하지만 영상을 촬영할 때 흔들림은 영상의 품질을 떨어트리는 원인이 되기도 합니다. 여기서는 흔들림 없는 스마트폰 영상 촬영을 위한 삼각대 설치에 대해 알아봅니다.

01 스마트폰용 삼각대 세팅하기

❶ 영상은 스마트폰을 수평 방향으로 눕히고 고정하여 촬영해야 영상을 편집할 때 빈 영역이 생기지 않습니다.

▲ 수직으로 세워 촬영한 영상

▲ 수평으로 눕혀 촬영한 영상

❷ 스마트폰이 홀더에서 벗어나지 않도록 홀더를 잘 고정합니다.

❸ 촬영 버튼을 누를 때 영상이 흔들리지 않도록 무선 리모콘을 사용합니다.

❺ 인물의 얼굴을 중심으로 삼각대의 높이를 올리거나 낮춰 조정합니다.

❹ 영상을 촬영할 때 흔들리지 않도록 평탄한 장소에 삼각대 다리를 펼쳐 영상의 수평이 잘 맞도록 합니다.

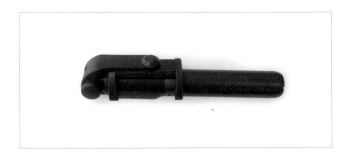

1 스마트폰용 삼각대는 휴대가 간편하도록 접어 이동할 수 있도록 구성되어 있습니다.

펼침

2 영상 촬영 시 스마트폰을 거치시키기 위해 다리를 폅니다. 일반적으로 스마트폰용 삼각대는 3개의 다리로 구성되어 있습니다.

스마트폰 장착

3 스마트폰 폭에 맞춰 홀더를 벌린 다음 스마트폰을 홀더에 넣어 고정합니다.

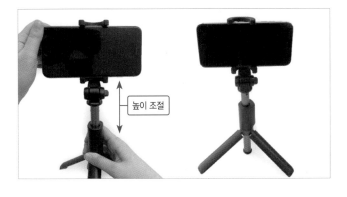

높이 조절

4 스마트폰이 홀더에 고정되면 얼굴 높이에 맞게 삼각대의 높낮이를 조절하여 맞춥니다.

유튜브 처음 시작하기

유튜브 핵심 기능 배우기

영상 업로드와 수정하기

내 채널 관리하기

영상 편집하기

채널 요소 만들기

유튜브로 수익 내기

04 > 확실하게 흔들림을 잡아주는 짐벌 사용하기

유튜버라면 영상 촬영을 위한 짐벌 사용은 필수입니다. 영상 촬영은 흔들림과의 싸움이며, 화면을 이동할 때 불안정한 영상이 발생하기 때문입니다. 짐벌을 사용하면 흔들림 방지는 물론 자연스럽게 화면을 이동할 때 일정한 속도로 회전시킬 수 있습니다.

01 짐벌 세팅하기

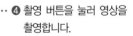

❶ 스마트폰의 카메라 렌즈를 짐벌의 바깥쪽에 위치시켜야 영상 촬영에서 거치대에 가리지 않습니다.

❷ 거치대 각도를 임의로 기울여도 스마트폰의 초점이 원점을 유지하는지 확인한 다음 짐벌을 이용해 촬영을 시작합니다.

❸ 스마트폰이 홀더에서 벗어나지 않도록 홀더를 잘 고정합니다.

❹ 촬영 버튼을 눌러 영상을 촬영합니다.

❺ 상하좌우 버튼은 모터를 이용하여 일정한 속도로 회전시켜 영상의 흔들림을 방지합니다. 주로 움직이는 피사체를 촬영할 때 많이 사용합니다.

1 짐벌을 사용하기 위해 잠금 해제 버튼을 눌러 접힌 부분을 폅니다. 이때 무리하게 힘을 주지 않아야 합니다.

2 스마트폰이 고정되는 관절 부분도 잠금 해제 버튼을 눌러 폅니다.

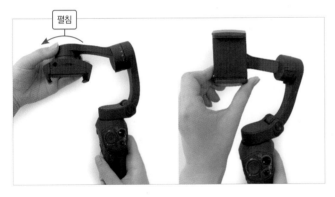

3 스마트폰이 가로 방향으로 고정되도록 접지 부분을 회전합니다.

4 스마트폰이 접지 부분에 잘 고정되도록 벌린 다음 스마트폰을 장착시킵니다. 이때 거치대에서 스마트폰 카메라 부분을 바깥쪽으로 위치시킵니다.

5 스마트폰을 장착한 후 전원 스위치를 눌러 전원을 켭니다.

유튜브 처음 시작하기

유튜브 핵심 기능 배우기

영상 업로드와 수정하기

내 채널 관리하기

영상 편집하기

채널 요소 만들기

유튜브로 수익 내기

05 > 카메라 영상을 촬영할 때 삼각대와 마이크 사용하기

카메라로 유튜브 영상을 촬영할 때는 주로 실내에서 카메라를 설치한 채 진행하는 경우가 대부분입니다. 이때 영상의 흔들림 방지를 위해 거치대나 삼각대를 이용합니다. 또한 주변의 소음과 화이트 노이즈를 줄이기 위해 외부 마이크를 사용하면 효과적입니다.

01 카메라와 마이크 세팅하기

❶ 테이블에 고정하여 수직으로 촬영할 수 있는 거치대로, 주로 공방이나 테이블에서 작업하는 유튜브 영상을 촬영할 때 사용합니다.

❷ 외부 마이크는 현장 주변의 노이즈를 줄여줄 뿐만 아니라 일정하게 들리는 화이트 노이즈를 줄이는 장점이 있으며 음성 위주인 영상을 촬영할 때 사용합니다.

❸ 사진을 촬영할 때 사용하는 삼각대로, 카메라를 이용하여 안정적인 영상을 촬영할 때 필수입니다.

1 외부 마이크를 준비합니다. 직접 카메라에 장착할 수 있는 외부 마이크를 사용하면 실내 및 야외 촬영에도 사용이 가능합니다.

마이크 연결

2 카메라의 플래시 연결 부분에 외부 마이크를 연결합니다. 외부 마이크는 마이크 지지대가 있어서 카메라에 직접 장착할 수 있습니다.

3 마이크 연결 케이블을 카메라의 마이크 단자에 연결합니다. 연결 케이블은 별도 구매 없이 카메라와 연결할 수 있습니다.

4 외부 마이크와 카메라가 연결되면 외부 마이크의 전원을 켭니다. 카메라의 영상 촬영 기능으로 영상을 촬영하면 외부 마이크로 녹음된 오디오가 데이터로 전환됩니다.

06 > 자르고, 붙이고! 영상 편집 도구 알아보기

촬영한 영상을 원하는 길이로 자르거나 다른 영상과 붙이고, 자막과 영상 효과를 넣기 위해서는 영상 편집 프로그램은 필수입니다. 여기서는 가장 많이 사용하는 다양한 영상 편집 프로그램을 알아보겠습니다.

01 PC 기반의 영상 편집 프로그램

영상을 편집하는 프로그램은 어도비의 프리미어 프로나 소니의 베가스, 곰앤컴퍼니의 곰믹스, 애플의 파이널 컷 프로 등 다양합니다. 대표적인 영상 편집 프로그램인 프리미어 프로는 방송국에서도 사용될 만큼 세밀하게 영상 편집이 가능하지만 매달 정기적으로 사용료를 지불해야 합니다. 베가스는 패키지 버전에 따라 가격을 한 번 지불하면 제한 없이 사용할 수 있습니다. 최근에는 무료 영상 편집 프로그램도 출시되고 있으며, 기능은 제한되어 있지만 유튜브 영상을 만들기에는 충분합니다(이 책에서는 무료 영상 편집 프로그램인 곰믹스를 사용합니다).

▲ 무료 영상 편집 프로그램, 곰믹스

다운로드	가격	운영체제	시스템
어도비 프리미어 프로 www.adobe.com/kr	매월 24,000원	윈도우 7 이상	멀티코어 프로세서, 8GB 램 이상

소니 베가스 www.vegascreativesoftware.com/kr	패키지별 20만 원~50만 원대	윈도우 7 이상	코어i7 프로세서, 8GB 램 이상
애플 파이널 컷 프로 itunes.apple.com/kr/app	369,000원	맥 OS 10.13.6 버전 이상	64Bit 프로세서
곰앤컴퍼니 곰믹스 www.gomlab.com	기본 버전 무료 프로 버전 39,000원	윈도우 7 이상	코어i5 프로세서, 4GB 램 이상

 앱 기반의 영상 편집 프로그램

스마트폰에서 영상을 편집하고 보정하는 앱을 이용하면 더 빠르고 현장감 있게 유튜브에 영상을 올릴 수 있습니다. 특히 야외 영상 촬영이나 실시간 방송을 촬영할 때 유용합니다.

▲ 영상 색감 보정부터 인물 보정이 가능한 스노우 앱

다운로드	장점	가격
키네마스터	• 영상 전환 효과, 무료 음원 지원, 자막 입력 가능, 영상 속도 조절 기능	• 비디오에 워터마크 표시(무료) • 워터마크 비표시(연간 40,000원, 월간 구독 5,000원)
블로	• 필터와 보정 기능, 배경음악과 효과음, 스티커와 자막 입력 기능, 편리한 영상 편집 제공	• 안드로이드 워터마크 표시(무료) 다양한 기능팩(1,200원) • 아이폰 워터마크 비표시(무료)
스노우	• 트렌디한 필터 및 메이크업 효과, 피부 표현과 맞춤 보정, 스티커, 편리한 사진 편집과 사진 리터칭	• 무료
비바비디오	• 고화질 동영상 편집, 개성 있는 자막 편집, 동영상 맞 춤 필터, 무료 배경음악, 초보자를 위한 테마 편집	• 연간 구독 11,000원, 월간 구독 2,200원

유튜브 처음 시작하기

유튜브 핵심 기능 배우기

영상 업로드와 수정하기

내 채널 관리하기

영상 편집하기

채널 요소 만들기

유튜브로 수익 내기

07 > 유튜브 영상을 잘 촬영하는 방법, 이것만은 꼭 알자!

유튜브를 시작할 때 스마트폰으로 영상을 촬영할 것인지, 아니면 카메라의 영상 촬영 기능으로 영상을 촬영할 것인지 고민하는 경우가 많습니다. 여기서는 스마트폰 또는 카메라로 영상을 촬영할 때 유용한 촬영 노하우를 알아봅니다.

01 태양광이 우선! 밝은 장소에서 촬영하라

영상 촬영도 결국 사진처럼 빛과의 싸움입니다. 밝은 장소에서 촬영한 영상은 어두운 장소에서 촬영한 영상보다 색감이 좋고, 노이즈도 적게 보입니다. 태양광이 잘 들어오는 장소에서 유튜브 영상을 촬영하는 것은 영상 보정 작업의 시간과 노력을 줄이는 요소이기도 합니다.

만약 태양광이 부족하다면 부분 조명이나 간접 조명을 사용해서라도 주변 환경의 밝기 값을 높여야 합니다. 요즘은 유튜버를 위한 조명들이 저렴하게 출시되어 촬영 환경에 맞게 조명을 추가하여 사용하는 것을 권장합니다.

▲ 밝은 태양광에서는 선명한 영상을 얻을 확률이 높다.

유튜브 처음 시작하기

유튜브 핵심 기능 배우기

영상 업로드와 수정하기

내 채널 관리하기

영상 편집하기

채널 요소 만들기

유튜브로 수익 내기

⑫ 영상의 흔들림을 줄이기 위해 삼각대나 짐벌을 이용하라

영상 촬영 후에 모니터링하다 보면 의외로 흔들린 영상 때문에 사용하지 못하는 경우가 많습니다. 다양한 피사체를 촬영하기 위해 촬영기기를 이리저리 이동시켜 촬영하는 경우뿐만 아니라 손 떨림으로 인해 영상이 흔들리는 경우도 발생합니다.

가장 좋은 방법은 영상 촬영 시 삼각대를 사용하거나 이동 중에 촬영이 필요하다면 짐벌은 필수입니다. 해상도가 조금 낮더라도 흔들리지 않은 영상이 오히려 완성도가 높아 보이기도 합니다. 특히 짐벌은 휴대가 간편하고, 영상의 흔들림뿐만 아니라 상하좌우로 회전 시 모터를 이용하기 때문에 부드러운 영상 이동이 가능합니다.

▲ 짐벌을 이용하면 화면 이동 시 흔들림을 줄일 수 있다.

⑬ 4K 고품질 영상을 고집하지 말고, 효율성에 맞게 해상도를 설정하라

스마트폰의 성능 향상으로 이제 스마트폰에서도 4,000픽셀의 고품질 영상을 촬영할 수 있습니다. 물론 영상의 해상도가 높을수록 선명한 영상을 얻을 수 있지만, 그만큼 파일 용량은 커질 수밖에 없습니다. 예를 들어, 1,080픽셀의 60fps로 설정한 1분 영상이 90Mb인 반면, 4K 60fps로 촬영한 영상은 400Mb로, 4배 이상의 저장 공간을 필요로 합니다.

파일 용량이 커지면 파일 전송부터 영상 편집이나 필요에 따라 다른 파일 포맷으로 변환하는 인코딩 과정도 상대적으로 많은 시간이 소요되기도 합니다. 유튜브에서 지원하는 최고 해상도는 Full HD 1,080픽셀인 만큼 4K 품질의 영상을 고집할 필요는 없습니다.

스마트폰에서의 비디오 녹화 해상도 설정 : 1080p, 60fps ▶

04 타임랩스와 슬로모션을 적절하게 활용하라

타임랩스는 그림자나 구름, 별, 야경 등 움직임이 거의 보이지 않는 심심한 그림이지만 빠르게 재생하면 움직임이 극적으로 드러나 강한 인상을 줄 수 있습니다. 즉, 시간의 흐름을 압축하여 표현하는 영상 촬영 기법으로 대부분 스마트폰에서는 타임랩스 기능을 제공하고 있습니다. 다소 지루한 부분은 빠르게 돌려 영상에 긴장감을 줄 수 있습니다.

반면 슬로모션은 빠르게 동작하는 영상을 천천히 볼 수 있도록 영상 속도를 늦추는 기능입니다. 빠른 동작을 오히려 천천히 보여주어 영상을 부드럽게 표현하기도 합니다. 영상 속도에 완급을 주면 재미있고 탄탄한 영상물을 만들 수 있습니다.

▲ 타임랩스를 이용한 영상 촬영으로 속도감을 표현할 수 있다.

05 오디오 배경 음악을 적극적으로 활용하라

영상의 분위기를 끌고 나가는 것은 영상의 색감도 한몫을 하지만, 잘 고른 배경 음악이 영상의 완성도를 높입니다. 여행에 즐거움을 더하거나 일상의 브이로그 분위기를 돋보이게 해줄 BGM 등은 현장음이나 음성만의 다소 밋밋한 분위기를 채울 수 있습니다.

유튜브나 영상 편집 프로그램에서는 저작권에 신경 쓰지 않고 분위기에 맞는 배경 음악을 선택할 수 있도록 다양한 오디오 소스를 제공합니다. 영상 편집 시 메인 오디오가 배경 음악에 묻히지 않도록 오디오 음량을 조절하면서 오디오 소스를 편집해 보세요.

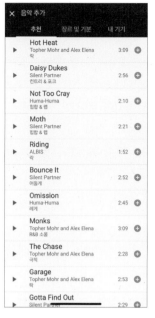

◀ 유튜브에서 무료로 사용할 수 있는 다양한
음악 선택이 가능하다.

06 스마트폰 기능의 노출과 포커싱을 조정하면서 영상을 촬영하라

스마트폰으로 영상을 촬영하는 상태에서 화면을 터치하여 특정 부분의 노출을 밝게 또는 어둡게 조정할 수 있습니다. 촬영 환경에 따라 노출이 달라지므로 상황에 맞게 노출을 조정해야 합니다.

예를 들어, 영상을 촬영할 때 특정 부분을 기준으로 밝거나 어둡게 촬영하려면 앵커점을 터치하여 노출 박스가 표시되면 위 또는 아래로 드래그하여 노출을 조정해서 실시간으로 영상을 보정하며 촬영할 수 있습니다.

▲ 특정 부분을 직접 터치하여 노출 조정이 가능하다.

유튜브 채널 시작하기

유튜브 핵심 기능 배우기

영상 업로드와 수정하기

내 채널 관리하기

영상 편집하기

채널 요소 만들기

유튜브로 수익 내기

바스트 샷과 웨스트 샷을 적절하게 활용하라

인물 위주의 유튜브 영상을 촬영할 때는 인물 샷을 어떻게 설정할지 고민하는 경우가 많습니다. 가장 추천할 인물 샷은 머리끝에서 가슴부분까지 영상에 나오는 바스트 샷입니다. 유튜브 영상이 비교적 화면이 크지 않기 때문에 바스트 샷이 가장 안정되어 보이고, 인물에 집중할 수 있는 인물 샷입니다. 바스트 샷을 설정할 때는 머리끝부터 화면의 위쪽 공간까지의 거리를 신경 써야 합니다. 너무 가까우면 화면이 답답해 보이고, 너무 멀면 인물의 집중도가 떨어지기 때문입니다.

웨스트 샷은 인물의 허리 위쪽의 상반신이 나오도록 촬영하는 인물샷으로, 주로 유튜브 영상에서는 주변의 배경을 넣으려는 목적으로 사용됩니다. 단지 웨스트 샷은 자신이 직접 스마트폰이나 카메라를 들고 촬영하는 셀프 영상으로는 촬영이 가능하지 않기 때문에 촬영 기기를 삼각대나 주변 위치에 고정시킨 상태에서 촬영하는 경우가 많습니다.

▲ 인물에 집중시키는 바스트 샷

▲ 인물과 배경을 함께 보여주는 웨스트 샷

08 A롤 영상과 B롤 영상을 구분해 촬영하라

가장 기본적이고 메인 영상을 A롤 영상이라고 하면, 보조적으로 촬영된 영상을 B롤 영상이라고 합니다. 유튜브 영상에서 전체 흐름을 끌고 나가는 영상을 일관되게 편집하다보면 영상이 재미가 없고 마치 다큐멘터리나 변화가 없는 인터뷰 형식의 영상으로 느껴지게 됩니다. 이런 경우 영상의 흐름에 변화를 주고, 영상 중간에 분위기를 환기시키기 위해 B롤 영상을 중간에 삽입하여 보여줍니다.

특정 장소에서 스토리를 끌고 나가는 A롤 영상을 촬영하기 전에 현장 장면을 미리 촬영하거나 영상 촬영이 끝난 후의 현장의 뒷이야기 등을 촬영해 놓으면, 유용하게 사용할 수 있습니다.

영상을 편집하다 보면 늘 영상 소스가 부족하여 아쉬움이 남기 때문에 이러한 소스 영상을 편집을 위해 준비해 놓으면 완성도 있는 영상 편집을 완성할 수 있습니다.

▲ 보조로 사용될 영상을 짧게라도 촬영해 놓으면 편집 시 유용하다.

(09) 스마트폰 VS 카메라 촬영이 고민된다면 아이템에 따라 사용하라

유튜브를 시작할 때 스마트폰으로 영상을 촬영할 것인지, 아니면 카메라의 영상 촬영 기능으로 촬영할 것인지 고민하는 경우가 많습니다. 먼저 유튜브에 업로드 할 주제부터 생각해 보세요. 주로 야외에서 촬영할 것인지, 실내에서 촬영할 것인지, 촬영할 피사체가 움직이는 인물인지, 아니면 고정된 피사체인지에 따라 선택할 수 있습니다. 무엇보다 처음 유튜브를 시작하려는 사용자라면 스마트폰을 이용하여 영상을 촬영해 보세요. 이후에 부족한 부분은 보완하고 영상의 품질과 완성도를 높여가면서 영상을 촬영하는 것을 추천합니다.

스마트폰 유튜브 영상 촬영

- 스마트폰에서 영상을 시청하는 아이템
- 야외에서 움직임이나 이동이 많고, 휴대하기 편해야 하는 아이템
- 촬영 시간이 비교적 짧은 아이템
- 스마트폰에서 바로 영상을 편집하여 유튜브에 올리려는 아이템

미러리스, DSLR 카메라 영상 촬영

- 실내에서 고정된 영상을 촬영하여 유튜브에 사용하는 아이템
- 고품질의 동영상 촬영이 필요한 아이템
- 촬영 시간이 비교적 장시간인 아이템
- 렌즈를 교환하여 화각 등에 변화가 필요한 아이템

08 > 유튜브의 첫걸음! 구글 아이디 만들기

유튜브는 구글에서 제공하는 서비스이므로 유튜버가 되기 위해서는 먼저 구글 아이디를 만들어야 합니다. 기존 구글 아이디로 유튜브 채널을 만들 수 있지만, 유튜브 채널을 새로 만들려면 구글에서 새로운 아이디로 채널을 만듭니다. 여기서는 윈도우 10에서 구글 크롬 브라우저를 사용하였습니다.

01 구글 계정을 만들기 위해 링크 검색하기

구글 사이트 접속하기

1 웹 브라우저를 실행한 다음 구글 사이트(www.google.com)에 접속합니다.

검색창에서 찾기

2 검색창에 '구글계정만들기'를 입력한 다음 Enter를 누릅니다.

유튜브 채널 시작하기

유튜브 핵심 기능 배우기

영상 업로드와 수정하기

내 채널 관리하기

영상 편집하기

채널 요소 만들기

유튜브 수익 내기

02 구글 계정 화면에서 사용자 정보 입력하기

◇ **Google 계정 만들기 링크 클릭하기**

1 [Google 계정 만들기] 링크가 검색되면 해당 링크를 누릅니다.

◇ **1단계 진행하기**

2 Google 계정 만들기 화면이 표시되면 〈Google 계정 만들기〉 버튼을 누릅니다.

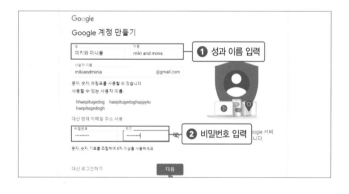

◇ **정보 입력하기**

3 사용자 정보 입력에 관한 화면이 표시되면 '성'과 '이름'을 입력합니다. 입력한 대로 채널명이 바뀝니다. 비밀번호를 입력한 다음 확인을 위해 다시 한 번 입력하고 〈다음〉 버튼을 누릅니다.

TIP 이미 사용자 이름이 사용되고 있다면 이름 항목을 변경합니다.

◇ **구글 계정 완성하기**

4 개인정보 보호 및 약관 화면이 표시되면 읽고 〈동의〉 버튼을 누릅니다. 이제 구글 계정이 만들어졌습니다.

YouTube

PART 02

유튜브의 핵심 기능,
어디까지 알아봤니?

지피지기면 백전백승! 유튜브는 단순하게 동영상을 재생하는 기능뿐만 아니라 유튜버라면 알아야 할 숨어 있는 핵심 기능들을 제공하고 있습니다. 여기서는 유튜브의 영상 검색부터 재생, 카카오톡이나 페이스북 등 다양한 SNS에 공유하는 방법 등 유튜브의 숨은 필수 기능들을 알아봅니다.

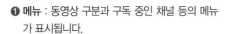

01 > 어떻게 생겼을까?
유튜브 화면 살펴보기

유튜브는 크게 유튜브 메인 화면과 영상 재생 화면, 채널 화면, 유튜브 스튜디오 화면으로 구성되어 있습니다. 유튜브 메인 화면의 가운데에는 동영상 목록이 미리 보기 화면으로 표시됩니다. 위쪽에는 상단 메뉴와 메뉴 아이콘을 누르면 표시되는 왼쪽의 메인 메뉴로 구성되어 있습니다.

유튜브 메인 화면

❶ **메뉴** : 동영상 구분과 구독 중인 채널 등의 메뉴가 표시됩니다.

❷ **홈** : 유튜브 메인 화면으로 이동합니다.

❸ **인기** : 최근 인기 있는 영상을 표시합니다.

❹ **구독** : 구독 중인 채널 영상을 표시합니다.

❺ **보관함** : 최근 본 동영상과 나중에 볼 동영상, 좋아요를 표시한 동영상을 표시합니다.

클릭

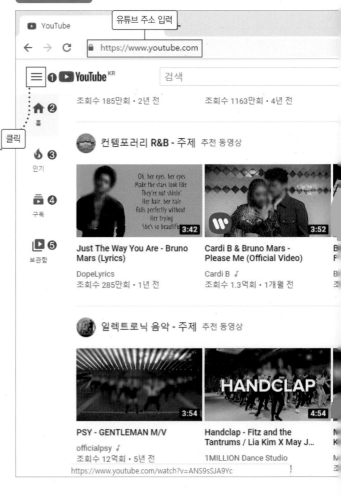

유튜브 처음 시작하기

유튜브 핵심 기능 배우기

영상 업로드와 수정하기

내 채널 관리하기

영상 편집하기

채널 요소 만들기

유튜브로 수익 내기

01 유튜브 메인 화면 구성

유튜브에 접속하면 처음 표시되는 화면으로, 영상을 업로드하고 사용자 계정을 관리하는 상단 메뉴와 왼쪽에 자주 사용하는 메뉴를 제공합니다. 가운데 메인 화면에는 주제별로 다양한 동영상을 제공합니다.

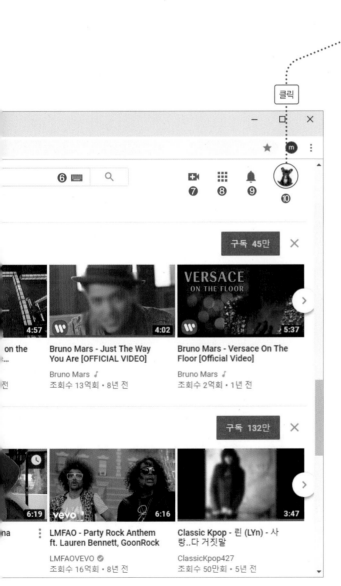

⑥ **검색창** : 동영상 검색을 위해 검색 단어나 문장을 입력합니다.

⑦ **업로드** : 동영상 업로드 화면으로 이동합니다.

⑧ **유튜브 앱** : 다양한 유튜브 프로그램으로 이동합니다.

⑨ **알림** : 구독하는 채널의 새로운 소식과 알림을 확인할 수 있습니다.

⑩ **내 계정** : 내 채널 또는 유튜브 스튜디오로 이동하거나 계정 변환, 설정이 가능합니다.

메인 화면에서 동영상을 누르면 영상이 실행되는 화면입니다. 영상을 재생하는 영상 화면과 자신의 채널 영상, 추천 영상이 다음 동영상으로 제공됩니다.

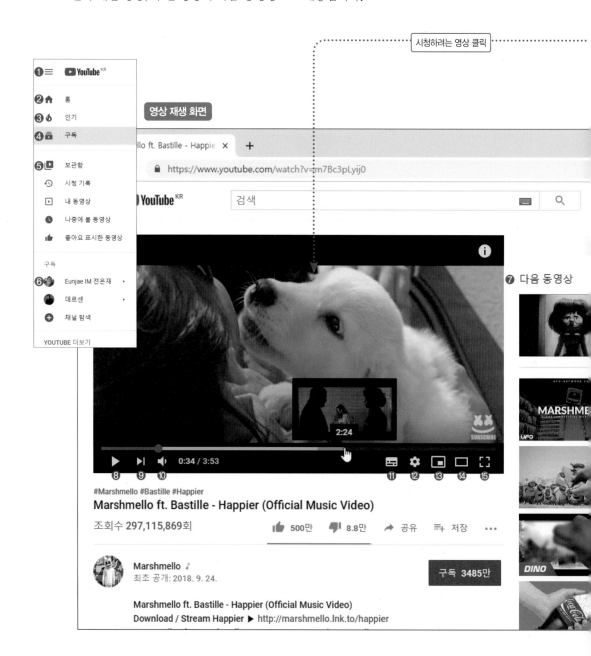

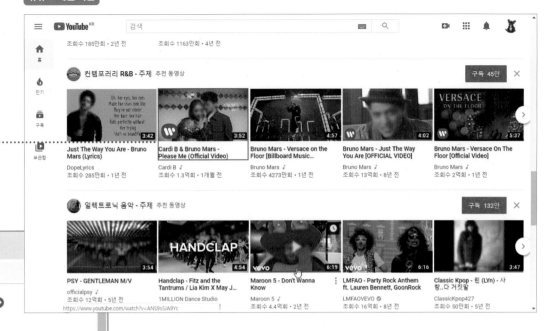

❶ **메뉴** : 동영상 구분과 구독 중인 채널 등의 메뉴가 표시됩니다.

❷ **홈** : 유튜브의 메인 화면으로 이동합니다.

❸ **인기** : 최근 인기 있는 영상을 표시합니다.

❹ **구독** : 구독 중인 채널 영상을 표시합니다.

❺ **보관함** : 최근에 본 동영상과 나중에 볼 동영상, 좋아요를 표시한 동영상을 표시합니다.

❻ **구독** : 현재 구독 중인 채널 목록이 표시됩니다.

❼ **다음 동영상** : 내 채널의 동영상과 유튜브에서 제공하는 동영상 항목을 표시합니다.

❽ **재생** : 영상을 재생합니다.

❾ **다음** : 다음 영상을 재생합니다. 현재 재생 시간과 전체 재생 시간을 표시합니다.

❿ **음소거** : 누를 때마다 음소거가 되거나 해제됩니다.

⓫ **자막** : 자막 사용 여부를 선택합니다.

⓬ **설정** : 영상 재생 옵션을 설정합니다.

⓭ **소형 플레이어** : 작은 영상 플레이어 형태로 영상이 재생됩니다.

⓮ **영화관 모드** : 마치 영화관 스크린처럼 가로 비율이 긴 형태로 영상이 재생됩니다.

⓯ **전체 화면** : 모니터 전체 화면으로 영상이 재생됩니다.

02 > 유튜브 영상을 검색하여 재생하기

구글에서 빠르게 유튜브 영상을 재생하는 방법을 알아봅니다. 구글 앱 기능을 이용하면 간편하게 유튜브 영상 재생, 메일, 검색, 뉴스, 쇼핑, 번역, 지도 검색 등 다양한 기능을 쉽고 빠르게 검색할 수 있습니다.

01 유튜브 빠르게 열기

✎ 구글 사이트 접속하기

1 웹 브라우저를 실행한 다음 'www.google.com'을 입력해 구글 사이트에 접속합니다.

✎ 유튜브 앱 실행하기

2 화면 상단의 [구글 앱] 아이콘을 누른 다음 팝업 메뉴에서 [YouTube] 아이콘을 누릅니다.

알아두기

유튜브는 구글에서 제공하는 서비스이기 때문에 웹 브라우저도 구글의 크롬 브라우저를 사용하면 편리합니다. 크롬 브라우저는 크롬 사이트(www.google.com/chrome)에 접속하여 〈Chrome 다운로드〉 버튼을 눌러 설치할 수 있습니다.

02 유튜브 영상 재생하기

영상 검색하기

1 유튜브가 표시되면 검색창에 검색하려는 영상 제목을 입력한 다음 Enter를 누릅니다.

재생 영상 선택하기

2 입력한 단어와 연관된 영상 목록이 표시됩니다. 재생하려는 영상을 누릅니다.

영상 재생하기

3 해당 영상이 재생됩니다.

03 > 원하는 감상 모드로 유튜브 영상 재생하기

유튜브 영상은 재생 버튼이나 화면을 눌러 재생이 가능하며, 전체 화면 또는 영화관 모드나 별도의 재생 화면으로 영상을 감상할 수 있습니다. 취향에 따라 유튜브 영상을 재생하고 감상하는 방법에 대해 알아봅니다.

01 동영상 재생하기

유튜브 접속하기

1 웹 브라우저에 'www.you tube.com'을 입력하여 유튜브를 표시합니다. 검색창에 검색하려는 영상 제목을 입력한 다음 Enter를 누릅니다. 재생하려는 영상을 누릅니다.

영상 재생하기

2 누른 영상이 재생됩니다. 화면에서 임의의 부분을 누르면 영상이 멈추며, 다시 화면을 누르면 영상이 재생됩니다. [재생] 아이콘을 연속하여 누르면 영상이 재생되거나 멈춥니다. 슬라이더를 드래그하거나 눌러 원하는 영상 부분을 재생합니다.

02 동영상 크기 조정하기

❶ **소형 플레이어** : 작은 영상 플레이어 형태로 영상 재생

❷ **영화관 모드** : 영화관 스크린처럼 가로 비율이 긴 형태로 영상 재생

❸ **전체 화면** : 모니터 전체 화면으로 영상 재생

✎ 영상 크기 조정 아이콘 살펴보기

1 재생 화면 오른쪽 하단에는 영상 화면 크기 조정 아이콘들이 위치해 있습니다.

✎ 영화관 모드로 변경하기

2 재생되는 영상 크기는 선택에 따라 변경할 수 있습니다. 재생 화면 하단에서 [영화관 모드] 아이콘을 누릅니다.

✎ 전체 화면으로 변경하기

3 가로로 긴 형태의 비율로 그림과 같이 영상이 재생됩니다. 이번에는 [전체 화면] 아이콘을 누릅니다.

✎ 원래 화면 크기로 되돌리기

4 모니터 전체 화면으로 영상이 재생됩니다.
다시 원래대로 되돌리기 위해서는 오른쪽 하단의 [전체 화면 종료] 아이콘을 누르거나 F를 누릅니다.

유튜브 처음 시작하기
유튜브 핵심 기능 배우기
영상 업로드와 수정하기
내 채널 관리하기
영상 편집하기
채널 요소 만들기
유튜브로 수익 내기

04 > 수동 재생으로 영상 골라보기

유튜브에서 영상을 재생하면 자동으로 추천 동영상이 재생되기도 합니다. 직접 영상을 선택하여 재생하기 위해서는 수동 재생으로 변경해야 합니다. 이때 동영상이 작은 이미지 형태로 표시되므로 원하는 동영상을 선택하여 재생할 수 있습니다.

01 수동 또는 자동 재생 선택하기

❤ 재생 설정하기

1 유튜브에서 수동 재생으로 감상하려는 영상을 실행한 다음 재생 화면 하단의 [설정] 아이콘을 누릅니다.

❤ 수동 재생 설정하기

2 팝업 메뉴에서 [자동 재생]을 눌러 비활성화합니다.

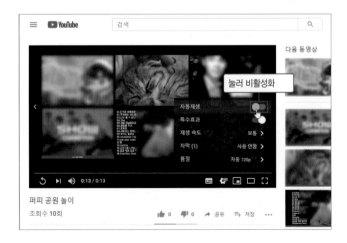

영상 선택하기

3 영상 재생이 끝난 다음 연속으로 재생되지 않고, 다음 영상이 작은 이미지 형태로 표시됩니다. 재생하려는 동영상 이미지를 누릅니다.

영상 확인하기

4 선택한 영상이 재생되는 것을 확인할 수 있습니다.

자동 재생하기

5 다시 자동 재생으로 실행하기 위해서는 재생 화면 하단의 [설정] 아이콘을 눌러 팝업 메뉴에서 [자동 재생]을 다시 눌러 활성화합니다.

유튜브 처음 시작하기

유튜브 핵심 기능 배우기

영상 업로드와 수정하기

내 채널 관리하기

영상 편집하기

채널 요소 만들기

유튜브로 수익 내기

05 > 유튜브 영상도 HD급으로! 화질을 선명하게 재생하기

유튜브에서 영상의 특성에 따라 고화질로 감상해야 하는 영상과 화질이 중요하지 않은 영상이 있습니다. 전체 화면으로 영상을 감상하기 위해서는 화질을 높여야 뭉개짐 없이 또렷하게 볼 수 있습니다. 여기서는 화질을 조정하는 방법에 대해 알아봅니다.

01 화질 조정하기

✿ 영상 품질 조정하기

1 유튜브에서 화질을 조정하려는 영상을 재생한 다음 재생 화면 하단의 [설정] 아이콘을 누릅니다.

2 해상도를 변경하기 위해 팝업 메뉴에서 [품질]을 누릅니다.

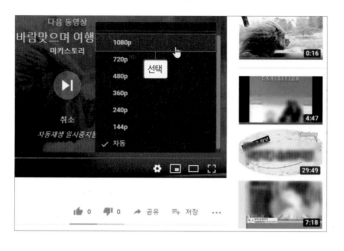

3 팝업 메뉴에 다양한 해상도
가 표시됩니다. 전체 화면으
로 영상을 감상하려면 [1080p]을
선택합니다.

▲ 고해상도 1080픽셀(HD)

유튜브 처음 시작하기

유튜브 핵심 기능 배우기

영상 업로드와 수정하기

내 채널 관리하기

영상 편집하기

채널 요소 만들기

유튜브로 수익 내기

◈ **영상 품질 비교하기**

4 전체 화면으로 영상을 비교
해 보면 고해상도는 선명하
게 영상이 표현되며, 저해상도는
픽셀이 뭉쳐 보이는 현상이 나타
나는 것을 확인할 수 있습니다.

▲ 저해상도 144픽셀

06 > 여러 개의 키워드로 영상 검색하기

수많은 유튜브 영상에서 보고 싶은 영상을 찾기 위해서는 여러 개의 키워드로 검색한 다음 필터 기능으로 꼭 필요한 영상만 걸러내는 과정이 필요합니다.

01 키워드로 검색하기

⌘ 키워드 입력하기

1 유튜브에서 영상을 검색하기 위해 영상과 연관된 키워드를 입력합니다. '스페인'을 입력하면 스페인에 관한 영상이 검색됩니다.

⌘ 추가 키워드 검색하기

2 검색 키워드를 추가해 보겠습니다. 검색창에 기존 키워드에서 한 칸 띄고 추가 키워드를 입력합니다. '하숙집' 키워드를 추가하여 연관된 영상을 검색합니다.

3 같은 방법으로 기존 검색 키워드에 추가로 검색어를 입력하여 영상을 좀 더 세세하게 검색합니다. 여기서는 '음식' 키워드를 추가했습니다.
필터 기능을 이용하면 검색 범위를 좀 더 좁힐 수 있으므로 [필터]를 누릅니다.

🖐 **필터 기능 사용하기**

4 필터 화면이 표시되면 원하는 옵션을 선택합니다. 여기서는 이번 주에 올라온 동영상만 검색하도록 [이번 주]와 [동영상]을 선택했습니다.

🖐 **검색 영상 확인하기**

5 해당 조건에 맞는 동영상만 필터링되어 표시됩니다.

TIP 추가 키워드로 검색할 때 '키워드+키워드' 형식으로 '+' 기호를 넣어 연관 동영상을 검색할 수 있습니다.

07 > 검색 기록으로 영상 재생하기

유튜브에서 검색된 영상은 검색 기록으로 저장됩니다. 검색했던 영상을 재생하려면 검색 기록을 확인하여 검색한 다음 재생할 수 있습니다.

01 검색 기록 확인하기

🖑 보관함 선택하기

1 검색 기록으로 영상을 재생하기 위해 화면 왼쪽 메뉴에서 [보관함] 아이콘을 눌러 기록 화면을 표시합니다.

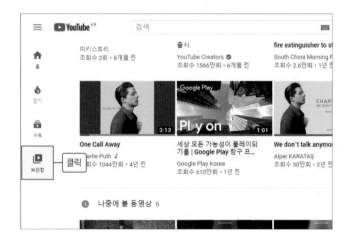

🖑 검색 기록 모두 보기

2 기록 화면 오른쪽 상단의 [모두 보기]를 눌러 재생했던 검색 기록을 나타냅니다.

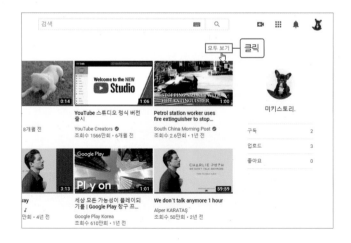

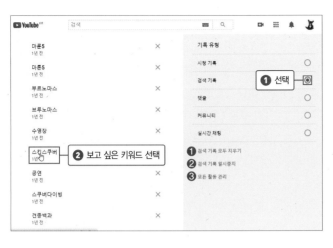

유튜브 처음 시작하기

유튜브 핵심 기능 배우기

영상 업로드와 수정하기

내 채널 관리하기

영상 편집하기

채널 요소 만들기

유튜브 수익 내기

키워드 선택하기

3 오른쪽 화면에서 [검색 기록]을 선택합니다. 지금까지 영상에서 검색하였던 검색 기록이 나타납니다. 검색 기록 목록에서 다시 보고 싶은 영상 키워드를 선택합니다.

❶ **검색 기록 모두 지우기** : 검색 항목 기록을 모두 삭제

❷ **검색 기록 일시중지** : 검색 기록을 다시 사용 설정할 때까지 검색 기록을 저장하지 않으며, 사용 설정 여부는 언제든지 변경 가능

❸ **모든 활동 관리** : 검색 활동을 자동 관리

영상 확인하기

4 이전에 검색했던 영상이 표시됩니다. 영상을 눌러서 다시 볼 수 있습니다.

08 > 늘 보는 영상,
시청 기록으로 검색하기

유튜브에서 재생된 영상은 시청 기록이 저장됩니다. 나중에 시청했던 영상을 재생할 필요가 있을 경우에는 시청 기록을 확인하여 시청했던 영상을 검색한 다음 다시 영상을 재생할 수 있습니다.

01 검색 기록 확인하기

◈ 보관함 선택하기

1 시청 기록으로 영상을 검색하기 위해 화면 왼쪽 메뉴에서 [보관함] 아이콘을 눌러 기록 화면을 표시합니다.
기록 화면 오른쪽 상단의 [모두 보기]를 누릅니다.

◈ 시청 기록 모두 보기

2 시청 기록이 표시되며 이전에 시청했던 영상이 나타납니다.

🎗 키워드 입력하기

3 검색하려는 키워드를 입력
합니다.

🎗 영상 확인하기

4 시청했던 영상에서 검색한
키워드와 연관된 영상이 나
타납니다.

알아두기

내 동영상 연령 제한

[내 동영상 연령 제한]은 동영상을 올린 사용자가 정하는 것으로, 유튜브의 검토 결과와는 상관없습니다. 이 기능을 사용하면 일부 시청자에게 적합하지 않은 내 동영상에 연령 제한을 적용할 수 있습니다. 동영상에 시청 연령 제한을 적용하면 만 18세 이하는 검색되지 않으며, 18세 이상의 시청자가 로그인한 경우에만 시청할 수 있습니다.

09 > 프라이버시를 위한 영상 검색과 삭제하기

다른 장소에서 유튜브에 로그인한 채 영상을 재생하면 검색 목록부터 타인에게 노출될 수 있습니다. 불필요한 검색 정보를 노출할 수 있으므로, 검색 정보를 삭제하는 방법에 대해 알아보겠습니다.

01 날짜별로 검색해서 삭제하기

보관함 선택하기

1 기간을 정해서 재생한 영상을 검색하기 위해 화면 왼쪽 메뉴에서 [보관함] 아이콘을 눌러 기록 화면을 표시한 다음 [모두 보기]를 누릅니다.

모든 활동 관리 선택하기

2 시청 기록 화면이 표시되면 [모든 활동 관리]를 누릅니다.

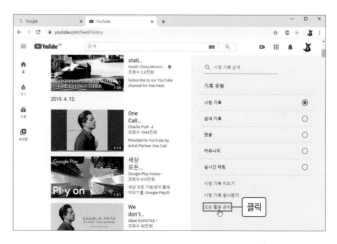

날짜별로 필터링하기

3 특정한 날짜 범위를 지정하기 위해 [+ 날짜별로 필터링]을 누릅니다.

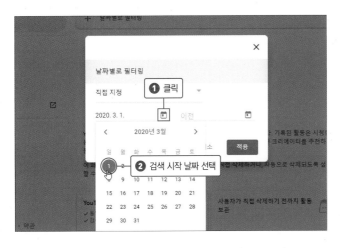

4 전체 기간에서 이후의 [달력] 아이콘을 누른 다음 검색을 시작하려는 날짜를 선택합니다.

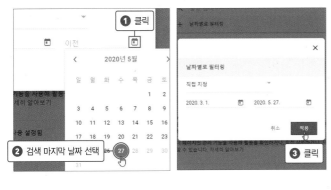

5 이번에는 오른쪽 이전의 [달력] 아이콘을 누른 다음 검색의 마지막 날짜를 선택합니다. 검색 기간이 지정되면 [적용] 버튼을 누릅니다.

✅ 검색 목록 표시하기

6 해당 기간 동안 시청한 영상 목록이 나타납니다. 날짜별로 삭제하기 위해 해당 날짜의 [옵션] 아이콘을 누른 다음 [삭제]를 선택합니다.

✅ 영상 삭제하기

7 삭제 완료 대화상자가 표시되면 [확인]을 누릅니다.

(02) 시청 기록 지우기

✅ 보관함 선택하기

1 재생 기록으로 영상을 검색하기 위해 화면 왼쪽 메뉴에서 [보관함] 아이콘을 누릅니다. 기록 화면 오른쪽 상단의 [모두 보기]를 누릅니다.

시청 기록 지우기

2 시청된 영상 목록이 나타나면 오른쪽 화면에서 [시청 기록 지우기]를 눌러 시청 기록을 삭제합니다.

메시지 확인하기

3 유튜브 시청 기록이 모든 기기에서 삭제된다는 메시지가 표시됩니다. 시청 기록을 지우기 위해 [시청 기록 지우기]를 누릅니다.

삭제된 기록 확인하기

4 모든 시청 기록이 그림과 같이 삭제된 것을 확인할 수 있습니다.

10 > 영상에 댓글 달고 수정하기

동영상 소유자가 댓글 기능을 사용하도록 설정한 경우 동영상에 댓글을 게시하고 다른 사용자가 댓글에 좋아요 또는 싫어요 표시를 하거나 답글을 남길 수 있습니다. 또한 내가 올린 댓글을 수정하거나 삭제할 수도 있습니다.

01 공개 댓글 추가하기

◈ 공개 댓글 실행하기

1 영상에 댓글을 달기 위해 영상 하단의 [공개 댓글 추가] 버튼을 누릅니다.

◈ 댓글 입력하기

2 영상에 남기려는 댓글을 입력한 다음 [댓글] 버튼을 누릅니다.

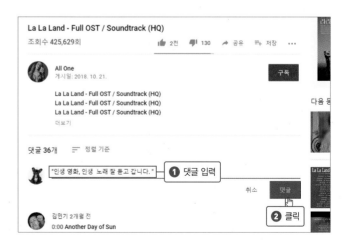

댓글 수정하기

3 입력한 댓글을 수정하기 위해서는 [메뉴] 아이콘을 누른 다음 팝업 메뉴에서 [수정]을 누릅니다.

수정한 댓글 저장하기

4 댓글 입력창이 다시 나타나면 댓글을 수정하거나 지운 다음 [저장]을 누릅니다.

수정 댓글 확인하기

5 수정된 댓글이 댓글 항목에 나타납니다.

유튜브 처음 시작하기

유튜브 핵심 기능 배우기

영상 업로드와 수정하기

내 채널 관리하기

영상 편집하기

채널 요소 만들기

유튜브로 수익 내기

11 > 유튜브 영상을 카카오스토리에 공유하기

유튜브의 내 채널 영상은 카카오스토리로 다른 사람들과 공유할 수 있습니다. 카카오스토리에는 사진이나 영상, 메시지 등을 올릴 수 있으며, 친구로 등록한 사용자와 커뮤니티가 가능한 서비스입니다.

01 카카오스토리에 영상 공유하기

⊘ 공유할 영상 재생하기

1 유튜브에서 공유할 영상을 재생한 다음 재생 화면 하단의 [공유]를 누릅니다.

⊘ 카카오스토리 선택하기

2 [링크 공유] 대화상자가 표시되면 [카카오스토리]를 선택합니다.

카카오스토리 로그인하기

3 카카오스토리 사이트가 연결되면 로그인하기 위해 아이디와 패스워드를 입력하고 [로그인] 버튼을 누릅니다.

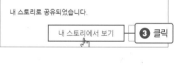

영상 소개 글 입력하기

4 공유 영상을 소개하는 글을 입력한 다음 [카카오스토리로 공유] 버튼을 누릅니다.
동영상이 공유되면 [내 스토리에서 보기] 버튼을 누릅니다.

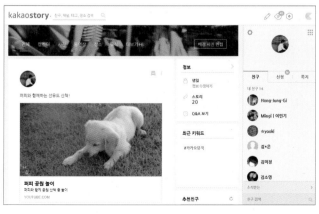

공유 영상 확인하기

5 카카오스토리에서 유튜브에서 공유한 영상을 확인할 수 있습니다.

12 > 유튜브 영상을 페이스북에 공유하기

유튜브에 올린 영상은 카카오스토리 외에도 페이스북이나 네이버 블로그, 트위터 등 다양한 SNS 매체로 공유할 수 있습니다. 여기서는 유튜브 영상을 페이스북에 올려 친구들과 공유하는 방법을 알아봅니다.

01 페이스북에 영상 공유하기

◈ 공유할 영상 재생하기

1 유튜브에서 공유할 영상을 재생한 다음 재생 화면 하단의 [공유]를 누릅니다.

◈ 페이스북 선택하기

2 [링크 공유] 대화상자가 표시되면 공유할 SNS 종류가 아이콘 형식으로 표시됩니다. [Facebook]을 선택합니다.

영상의 시작 시간 설정하기

3 영상을 공유할 때 특정 시간 이후부터 재생되도록 설정하기 위해 [시작 시간]에 체크 표시한 다음 '0:10'을 입력하면 10초 이후의 영상이 공유됩니다.

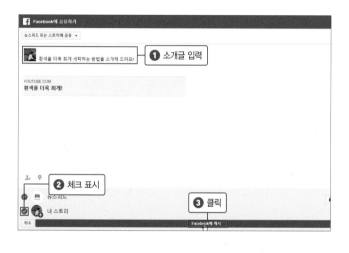

페이스북에 공유하기

4 페이스북이 자동으로 실행되면 로그인합니다. 영상의 소개글을 간단하게 입력한 다음 [내 스토리]에 체크 표시하고 하단의 [Facebook에 게시]를 누릅니다.

공유 영상 확인하기

5 내 스토리에 유튜브에서 공유한 영상이 추가된 것을 확인할 수 있습니다.

13 > 유튜브 영상 백업하고 친구들과 영상 공유하기

촬영한 영상의 원본은 항상 백업해 두어야 합니다. 구글에서 무료로 제공하는 구글 드라이브에는 영상을 15GB까지 저장할 수 있으며, 다른 사람들과 공유할 수도 있습니다. 여기서는 유튜브 영상을 구글 드라이브에 저장하고 공유하는 방법에 대해 알아봅니다.

01 구글 드라이브에 영상 저장(백업)하기

✎ 구글 드라이브 실행하기

1 웹 브라우저에서 구글 사이트(www.google.com)로 이동합니다. [구글 앱] 아이콘을 누른 다음 팝업 메뉴에서 [드라이브] 아이콘을 누릅니다.

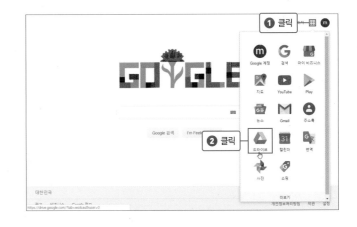

2 구글 드라이브가 실행되면 [Google 드라이브로 이동] 버튼을 누릅니다.

🔖 새로 만들기

3 영상을 분류하여 폴더에 저장하기 위해 [새로 만들기] 버튼을 누릅니다.

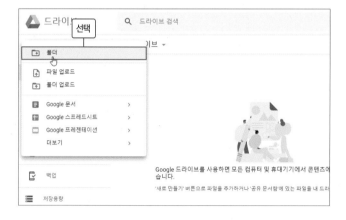

🔖 폴더 만들기

4 팝업 메뉴에서 [폴더]를 선택합니다.

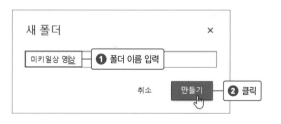

5 [새 폴더] 대화상자에서 폴더 이름을 입력한 다음 [만들기] 버튼을 누릅니다.

🔖 폴더 열기

6 내 드라이브 안에 폴더가 만들어졌습니다. 만들어진 폴더를 더블클릭하여 엽니다.

유튜브 처음 시작하기

유튜브 핵심 기능 배우기

영상 업로드와 수정하기

내 채널 관리하기

영상 편집하기

채널 요소 만들기

유튜브 수익 내기

백업할 영상 파일 이동하기

7 파일 탐색기에서 폴더 안에 저장할 영상 파일들을 찾아 Shift를 누른 채 선택한 다음 구글 드라이브의 [파일을 여기 끌어다 놓거나…]로 드래그합니다.

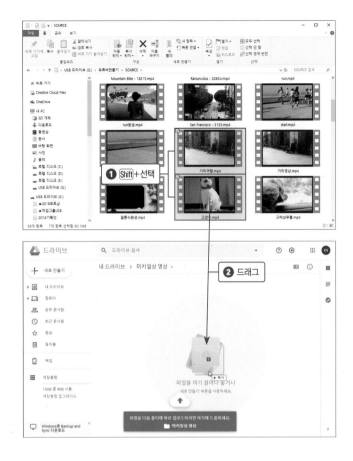

백업한 영상 파일 확인하기

8 드래그한 영상 파일들이 지정한 폴더에 저장됩니다.

02 영상 공유하기

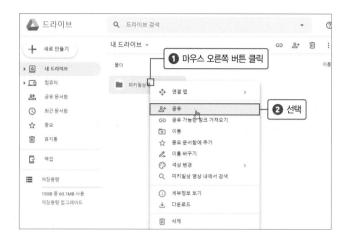

공유할 영상 폴더 선택하기

1 만들어진 영상 폴더를 다른 사용자와 공유하기 위해 폴더에서 마우스 오른쪽 버튼을 누르고 팝업 메뉴에서 [공유]를 선택합니다.

다른 사용자와 공유하기

2 [다른 사용자와 공유] 대화 상자가 표시되면 공유하려는 사용자의 메일을 입력한 다음 간략한 메시지를 입력하고 [전송] 버튼을 누릅니다.

링크 전송하기

3 사용자가 구글 계정을 가지고 있지 않더라도 공유를 위해 [링크 전송(로그인 필요 없음)]을 선택한 다음 [보내기] 버튼을 누릅니다.

✧ 공유 메일 확인하기

4 공유하려는 사용자 메일에 영상 공유 메일이 도착합니다. 메일에서 [열기] 버튼을 누릅니다.

✧ 재생 영상 선택하기

5 구글 드라이브가 표시되며, 공유 폴더의 영상 파일이 미리 보기 형태로 나타나면 재생하려는 영상을 더블클릭합니다.

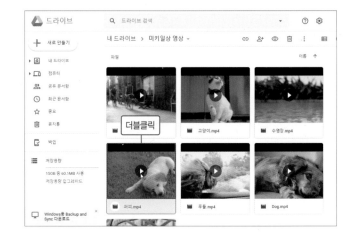

✧ 영상 재생하기

6 유튜브 재생 화면 형태로 영상이 재생되는 것을 확인할 수 있습니다.

14 > 자주 보는 영상 목록 저장하기

자주 보는 영상은 채널 목록을 만들어 저장할 수 있습니다. 저장해 놓은 영상들은 한 번에 재생이 가능합니다. 여기서는 영상 목록의 이름을 작성한 다음 해당 목록에 영상을 저장하는 방법을 알아봅니다.

01 채널 목록 저장하기

1 유튜브에서 자주 보는 영상을 재생합니다. 이 영상을 재생 목록에 저장하기 위해 재생 화면 오른쪽 하단의 [저장]을 누릅니다.

✎ 새 재생 목록 만들기

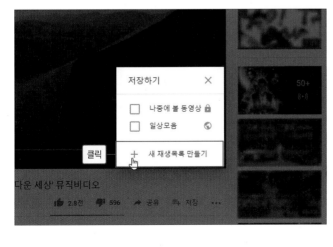

2 [저장하기] 대화상자가 표시되면 [새 재생목록 만들기]를 누릅니다.

유튜브 처음 시작하기

유튜브 핵심 기능 배우기

영상 업로드와 수정하기

내 채널 관리하기

영상 편집하기

채널 요소 만들기

유튜브 수익 내기

재생 목록 이름 입력하기

3 재생 목록의 이름을 입력한 다음 개인 정보 보호를 위한 공개 여부를 선택하고 [만들기] 버튼을 누릅니다.

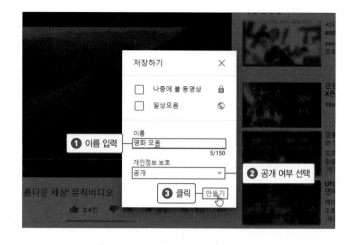

재생 목록 확인하기

4 다시 재생 화면 오른쪽 하단의 [저장]을 누릅니다. [저장하기] 대화상자가 표시되면 새로 만들어진 재생 목록을 확인한 다음 [닫기(X)] 아이콘을 누릅니다.

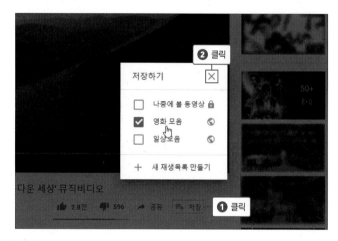

메뉴 선택하기

5 목록에 저장된 채널 영상을 확인하기 위해 유튜브 화면 왼쪽 상단의 [메뉴] 아이콘을 누릅니다.

유튜브 처음 시작하기

유튜브 핵심 기능 배우기

영상 업로드와 수정하기

내 채널 관리하기

영상 편집하기

채널 목록 만들기

유튜브로 수익 내기

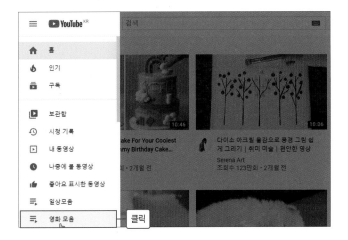

🖉 메뉴 선택하기

6 메뉴 하단에 새로 만들어진 [영화 모음] 메뉴를 선택합니다.

🖉 영상 확인하기

7 저장된 채널 영상이 그림과 같이 나타납니다. 해당 채널을 누르면 영상이 재생되며, 저장된 모든 영상은 한 번에 재생할 수 있습니다.

알아두기

채널 목록을 만드는 이유

채널 목록을 사용하면 채널에서 강조하고 싶은 콘텐츠를 구성하고 홍보할 수 있습니다. 섹션을 사용하면 영상을 특정 방식으로 그룹화할 수 있으므로 시청자가 보고 싶은 동영상을 더욱 쉽게 고를 수 있습니다. 섹션은 채널당 최대 10개까지 사용할 수 있습니다.

15 > 관심 있는 유튜버의 영상 구독하기

관심 있는 영상을 올리는 유튜버가 있다면 구독 신청을 하여 해당 채널이나 유튜브의 새로운 소식을 빠르게 확인 가능하며, 알림 기능을 통해 소식을 확인할 수도 있습니다.

01 유튜브 영상 구독하기

🖐 영상 구독하기

1 유튜브에서 구독하려는 채널의 영상을 실행한 다음 재생 화면 하단의 구독자 수가 표시된 [구독] 버튼을 누릅니다.

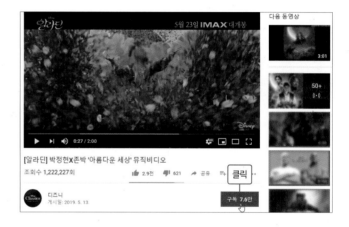

🖐 구독 영상 확인하기

2 구독 영상을 확인하기 위해 [메뉴] 아이콘을 누른 다음 팝업 메뉴에서 [구독]을 선택합니다.

3 구독 항목에서 현재 구독하는 영상들을 확인할 수 있습니다.

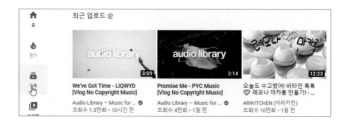

자녀를 위한
유튜브 키즈 사용하기

유튜브는 별도로 아동을 위한 유튜브 키즈 서비스를 제공하고 있습니다. 아동 연령에 맞게 재미있고 학습에 도움이 되는 테마로 구성되어 있으며, 시간 제한 설정 기능을 제공하여 과도한 동영상 시청을 관리할 수 있습니다.

01 유튜브 키즈에서 영상 검색하기

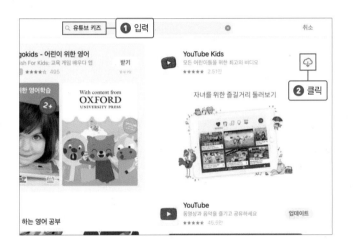

🔖 유튜브 키즈 다운로드하기

1 스마트폰이나 아이패드에서 앱스토어를 실행한 다음 '유튜브 키즈'를 검색하고 앱을 설치합니다.

🔖 유튜브 키즈 시작하기

2 유튜브 키즈 앱이 설치되면 앱을 실행합니다. 시작 화면에서 [시작하기] 버튼을 누른 다음 부모님의 연령 확인 후 유튜브 키즈가 시작됩니다.

영상 검색하기

3 화면 상단에 프로그램과 탐색, 음악, 학습 등 테마별로 유튜브 영상이 분류되어 있습니다. 검색을 위해 [검색] 아이콘을 누릅니다.

영상 키워드 입력하기

4 입력창에 시청하려는 영상 키워드를 입력합니다. 여기서는 '얼룩말'을 입력한 다음 '얼룩말 종이접기'를 선택했습니다.

검색된 영상 시청하기

5 얼룩말 종이접기 영상들이 검색됩니다. 재생하려는 영상을 선택하여 시청합니다. 시청 설정 시간을 제한하기 위해 [잠금] 아이콘을 누릅니다.

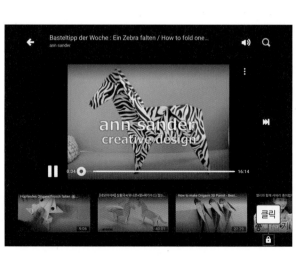

02 시청 시간 제한하기

잠금 화면 해제하기

1 보호자 전용 화면이 표시됩니다. 구구단을 물어보면 답을 입력하여 잠금 화면을 해제합니다.

타이머 선택하기

2 타이머, 설정, 의견 등을 지정할 수 있는 화면이 표시되면 시청 시간을 제한하기 위해 [타이머] 아이콘을 누릅니다.

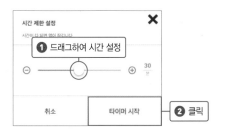

시간 제한 설정하기

3 시간 제한 설정 화면이 표시되면 제한 시간을 설정합니다. 여기서는 '30분'으로 지정한 다음 [타이머 시작] 버튼을 누릅니다.

시청 시간 제한 확인하기

4 자녀가 유튜브 키즈에서 활동하는 중에 30분이 경과되면 그림과 같이 '약속한 시간이 다 됐어요!'라는 문구와 함께 사용이 정지됩니다.

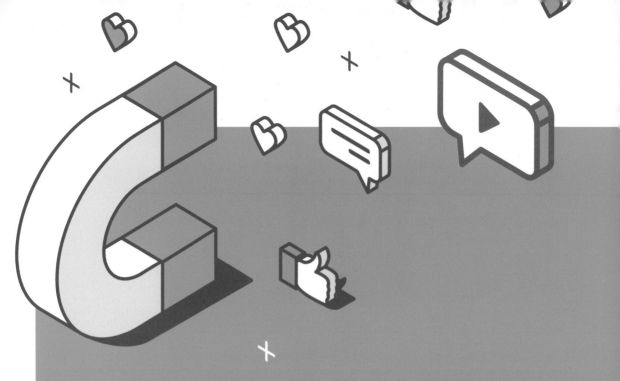

YouTube

PART 03

이것만 알면, 나도 웬만한 유튜버만큼 한다!

영상 편집 프로그램 없이도 유튜브에서 군더더기 없는 영상 편집이 가능하다는 것을 알고 있나요? 바로 유튜브에서 제공하는 유튜브 스튜디오를 이용하면 별도의 프로그램을 사용하지 않아도 쉽고 빠르게 영상을 편집하고 바로 업로드할 수 있습니다.

01 > 유튜브 스튜디오 화면 구성 미리보기

유튜브 스튜디오에서는 영상 정보를 설정하고, 자막이나 카드를 제작하는 기능들을 제공하고 있습니다. 또한 동영상을 관리하고 다양한 영상 및 오디오 기능을 포함하며, 영상 분석부터 수익 창출에 관한 기능을 제공합니다.

❶ **대시보드** : 최신 동영상 실적부터 뉴스, 채널 분석 등을 검토할 수 있습니다.

❷ **콘텐츠** : 채널 동영상의 공개 상태부터 수정, 추가 작업 등 채널 설정을 변경합니다.

❸ **재생 목록** : 동영상 재생 목록이 표시됩니다.

❹ **분석** : 채널 실적을 검토하고 채널이 어떻게 성장하는지에 대한 정보를 확인할 수 있습니다.

❺ **댓글** : 게시된 댓글을 확인할 수 있습니다.

❻ **자막** : 내 채널 동영상에 자막 설정을 할 수 있습니다.

❼ **수익 창출** : 동영상으로 발생하는 수익 창출에 관한 기능을 제공합니다.

❽ **오디오 보관함** : 동영상 편집에 사용할 무료 음악을 찾고 다운로드할 수 있습니다.

❾ **설정** : 채널 기본 정보부터 고급 설정, 업로드 기본 정보 등을 설정할 수 있습니다.

❿ **의견 보내기** : 유튜브를 사용하면서 불편한 점이나 개선점을 지원팀에 보낼 수 있습니다.

유튜브 스튜디오 화면

유튜브 처음 시작하기

유튜브 핵심 기능 배우기

영상 업로드와 수정하기

내 채널 관리하기

영상 편집하기

채널 요소 만들기

유튜브로 수익 내기

02 > 유튜브에서 바로 끝내는
영상 편집 화면 미리보기

별도의 영상 편집 프로그램을 사용하지 않아도 유튜브에서 기본으로 제공하는 영상 편집 기능으로 간단하게 영상 수정이 가능합니다. 먼저 영상을 유튜브에 올린 다음 수정 기능으로 영상을 편집해 보세요.

동영상 편집기 화면

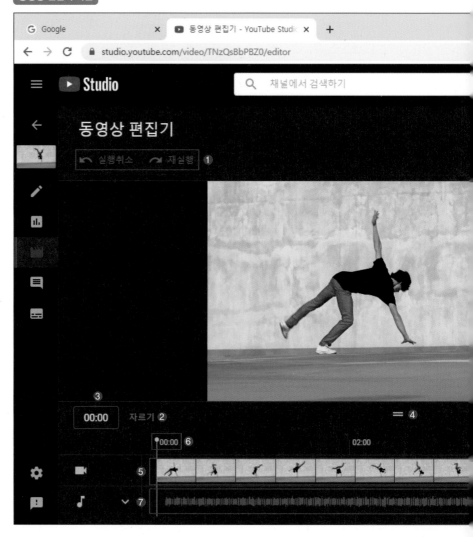

유튜브 스튜디오 화면

❶ **실행취소/재실행** : 적용한 기능을 재실행하거나 실행을 취소할 수 있습니다.

❷ **자르기** : 영상 클립을 자릅니다.

❸ **선택 시간 표시** : 현재 시간표시자가 위치한 시간을 표시합니다.

❹ **크기 조정** : 영상 미리보기 창 크기를 조정합니다.

❺ **영상 클립** : 동영상 클립이 위치합니다.

❻ **시간표시자** : 클립 위를 드래그하여 영상 시간이나 장면을 확인합니다.

❼ **오디오 클립** : 영상에 포함되어 있는 오디오 클립이 트랙에 표시됩니다.

❽ **트랙 축소/확대** : 트랙을 축소 또는 확대하여 클립을 확인할 수 있습니다.

❾ **만들기** : 동영상 업로드와 실시간 스트리밍 시작 기능을 제공합니다.

❿ **동영상 업로드** : 내 채널에 동영상 정보를 입력하고 올립니다.

⓫ **실시간 스트리밍 시작** : 실시간으로 유튜브 생방송을 진행합니다.

03 > 스마트폰 촬영 영상을 케이블로 내 PC로 전송하기

스마트폰으로 촬영한 영상을 내 PC로 전송하거나 PC에서 편집한 영상을 스마트폰으로 전송하기 위해서는 번거로운 과정을 거쳐야 합니다. 여기서는 케이블을 이용하여 간단하게 스마트폰으로 촬영한 영상을 전송하는 방법에 대해 알아봅니다.

01 스마트폰과 내 PC를 케이블로 연결하여 영상 전송하기

🖐 케이블 연결하기

1 스마트폰과 내 PC를 스마트폰 구매 시 함께 제공하는 케이블을 이용하여 연결합니다. 기본으로 아이폰은 8핀 케이블, 삼성 갤럭시나 LG폰은 5핀 케이블, C형을 사용합니다.

🖐 접근 허용하기

2 아이폰의 경우 기기가 사진 및 비디오에 접근하도록 허용하는 메시지가 표시되면 [허용] 버튼을 누릅니다.

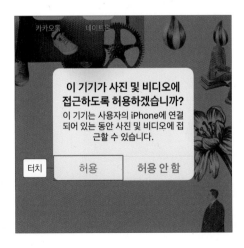

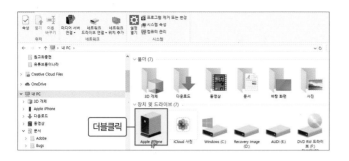

드라이브 열기

3 장치 및 드라이브에 연결된 스마트폰의 드라이브가 표시됩니다. 해당 폴더를 더블클릭합니다.

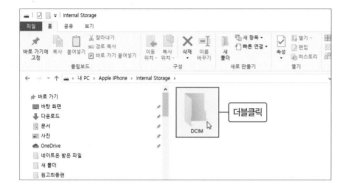

저장 폴더 확인하기

4 영상 파일이 저장된 폴더가 표시되면 해당 폴더를 더블클릭합니다.

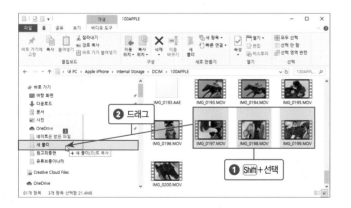

PC 안의 폴더로 전송하기

5 영상이 저장된 폴더에는 촬영한 영상이 파일로 저장되어 있습니다. PC로 전송하려는 영상 파일들을 Shift를 누른 상태에서 선택한 다음 PC의 폴더로 드래그합니다.

영상 파일 전송하기

6 스마트폰 드라이브에 저장된 영상 파일이 내 PC의 폴더로 전송됩니다.

04 > 스마트폰 촬영 영상을 무선으로 내 PC로 전송하기

케이블을 사용하지 않아도 무선으로 간편하게 스마트폰과 내 PC의 영상을 주고받을 수 있습니다. 촬영한 영상을 내 PC로, 편집한 영상을 내 스마트폰의 인증 숫자키만 입력하면 간단하게 영상 파일 전송이 가능합니다.

01 촬영한 영상을 내 PC로 전송하기

❀ 샌드애니웨어 앱 설치하기

1 무선으로 영상 전송하기 위해 먼저 스마트폰에서 앱스토어를 실행합니다. '샌드애니웨어' 앱을 검색하고 다운로드하고 [열기] 버튼을 누릅니다.

❀ 전송 영상 선택하기

2 샌드애니웨어 앱이 실행되면 내 PC로 보내려는 영상 파일을 선택한 다음 [보내기]를 터치합니다. 전송 대기중 화면에 여섯 자리 숫자키가 표시됩니다.

숫자키 입력하기

3 샌드애니웨어(https://send-anywhere.com/ko) 사이트로 이동한 다음 받기 입력창에 스마트폰에 표시된 여섯 자리 숫자키를 입력하고 [다운로드] 아이콘을 누릅니다.

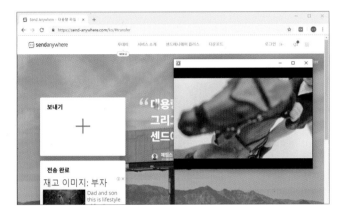

내 PC로 전송하기

4 내 PC로 전송이 완료되며, 전송된 파일을 열면 촬영한 영상이 재생되는 것을 확인할 수 있습니다.

(02) PC 영상을 내 스마트폰으로 전송하기

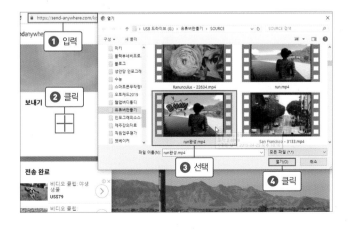

전송 파일 선택하기

1 PC에서 편집한 영상을 내 스마트폰으로 전송하기 위해 샌드애니웨어(https://send-anywhere.com/ko) 사이트로 이동한 다음 보내기의 [+] 아이콘을 누릅니다. [열기] 대화상자가 표시되면 전송하려는 파일을 선택하고 [열기] 버튼을 누릅니다.

✎ 파일 전송하기

2 [파일 추가] 창에 전송하려는 파일이 나타나면 [보내기] 버튼을 누릅니다.

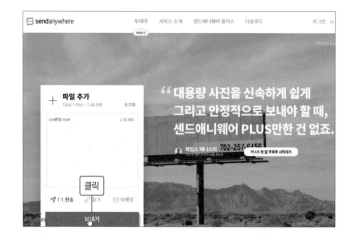

✎ 인증 숫자키 받기

3 [전송 대기중] 창이 표시되며 여섯 자리 숫자키가 표시됩니다.

TIP 여섯 자리 숫자키를 입력하여 인증할 수 있고, QR 코드를 촬영하여 인증할 수도 있습니다.

✎ 인증 숫자키 입력하기

4 스마트폰에서 샌드애니웨어 앱을 실행한 다음 화면 하단의 [받기] 아이콘을 터치합니다. 숫자키 입력창이 표시되면 여섯 자리 숫자키를 입력하고 [받기] 버튼을 누릅니다.

전송 받은 영상 확인하기

5 PC의 영상 파일이 내 스마트폰으로 전송되었습니다.
받은 영상 파일은 스마트폰에서 재생이 가능하며, 바로 유튜브에 업로드할 수 있습니다.

유튜브 처음 시작하기

유튜브 핵심기능 배우기

영상 업로드와 수정하기

내 채널 관리하기

영상 편집하기

채널 요소 만들기

유튜브로 수익 내기

알아두기

SNS를 이용하여 내 PC나 스마트폰으로 영상 전송하기

내 PC와 스마트폰에 카카오톡이나 네이트온 등이 설치되어 있다면 촬영한 영상이나 편집된 영상을 전송할 수 있습니다. 친구 목록에서 [내게 쓰기]로 영상을 보내면 PC나 스마트폰에서 받거나 전송이 가능합니다. 단, 카카오톡은 영상의 파일 용량이 300Mb 이상이 초과하면 전송할 수 없습니다.

▲ 카카오톡에서 내게 쓰기

▲ 네이트온에서 내게 쓰기

05 > 영상 편집을 위해 먼저 유튜브에 동영상 올리기

동영상을 유튜브 채널에 올릴 때는 유튜브에서 일반 구독자들이 검색할 수 있도록 제목과 내용, 태그 등을 입력해야 합니다. 여기서는 동영상 업로드를 위한 기본 설정 방법에 대해 알아보겠습니다.

01 동영상 업로드하기

동영상 업로드하기

1 웹 브라우저에서 유튜브 사이트(www.youtube.com)로 이동합니다. 화면 오른쪽 상단의 [동영상 또는 게시물 만들기] 아이콘을 누르고 팝업 메뉴의 [동영상 업로드]를 선택합니다.

업로드할 영상 파일 선택하기

2 업로드 화면이 표시되면 [파일 선택] 아이콘을 누릅니다.
[열기] 대화상자가 표시되면 유튜브에 올릴 동영상 파일을 선택한 다음 [열기] 버튼을 누릅니다.

⬧ 동영상 정보 입력하기

3 세부정보 창에 영상 제목 (필수 항목)과 설명을 입력 합니다.

⬧ 미리보기 이미지 선택

4 미리보기 이미지 항목에서 동영상 장면을 선택합니다. 이때 영상의 주제가 잘 드러나는 이미지를 눌러 미리보기 이미지 로 설정합니다.

⬧ 시청자층 선택하기

5 시청자층 항목에서 업로드 하려는 동영상의 시청자층 을 선택합니다. 예제에서는 [아니 요, 아동용이 아닙니다]를 선택하 고 [옵션 더보기]를 누릅니다.

✎ 동영상 요소

6 동영상 요소 항목이 표시되면 기본 설정을 적용하기 위해 [다음] 버튼을 누릅니다.

✎ 공개 상태 선택하기

7 공개 상태 항목에서 공개 정도를 선택합니다. 예제에서는 모든 사용자가 볼 수 있도록 [공개]를 선택한 다음 [게시]를 누릅니다.

✎ 게시된 동영상

8 게시된 동영상 대화상자가 표시됩니다. 링크 공유가 표시되면 기본 설정으로 게시하기 위해 [닫기]를 누릅니다. 채널 동영상 항목에서 업로드한 동영상을 확인할 수 있습니다.

06 > 유튜브 스튜디오 실행하기

이전 버전의 크리에이터 스튜디오는 정식 버전인 유튜브 스튜디오로 새롭게 선보이고 있습니다. 유튜브 스튜디오는 보다 간편하고 편리하게 영상을 관리, 편집할 수 있는 기능을 제공하고 있습니다.

01 전체 영상 편집하기

유튜브 스튜디오 실행하기

1 웹 브라우저에서 유튜브 사이트(www.youtube.com)로 이동한 다음 [내 계정] 아이콘을 눌러 [YouTube 스튜디오]를 실행합니다.

대시보드 화면보기

2 내 채널에 대한 실적과 새로운 뉴스를 알려주는 채널 대시보드 화면이 표시됩니다. [콘텐츠] 아이콘을 누릅니다.

✅ 채널 동영상 화면 보기

3 채널 동영상 화면이 표시됩니다. 내가 업로드한 영상을 확인할 수 있으며, [옵션] 버튼을 눌러 업로드된 영상을 관리할 수 있습니다.

✅ 유튜브 홈 화면으로 이동하기

4 유튜브 스튜디오에서 유튜브 홈 화면으로 이동하기 위해서는 [내 계정] 아이콘을 누른 다음 [YouTube]를 선택합니다.

✅ 유튜브 홈 화면 보기

5 유튜브 홈 화면으로 이동되었습니다.

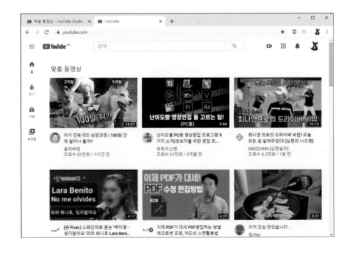

07 > 자르고, 붙이고! 영상 편집하기

촬영한 영상을 보면 시작, 그리고 중간 부분에 불필요한 부분이 눈에 띕니다. 이때 자르기 기능을 이용하면 불필요한 부분을 분할하여 삭제가 가능하며, 영상의 길이를 손쉽게 조정할 수 있습니다.

01 전체 영상 편집하기

🖐 전체 영상 편집하기

1 업로드된 영상을 편집하기 위해 [내 계정] 아이콘을 누른 다음 [YouTube 스튜디오]를 선택합니다.

🖐 채널 대시보드

2 채널 대시보드 화면이 표시되면 [콘텐츠] 아이콘을 누릅니다.

✎ 영상 선택하기

3 채널 동영상 화면에서 편집할 영상을 누릅니다.

✎ 편집기 실행하기

4 선택한 동영상의 세부정보 화면이 표시되면 [편집기] 아이콘을 누릅니다.

✎ 동영상 편집기 표시하기

5 그림과 같이 동영상 편집기가 나타납니다. 선택한 동영상은 미리보기 화면으로 볼 수 있습니다.

자르기 실행하기

6 영상의 불필요한 부분을 삭제하기 위해 시간표시자를 동영상 클립 중간에 위치시킨 다음 [자르기]를 누릅니다.

영상 분할하기

7 화면 하단의 [분할] 버튼을 누르면 동영상 클립이 이등분되는 것을 확인할 수 있습니다.

시작점 조정하기

8 가운데 위치한 분할선을 왼쪽으로 드래그하여 불필요한 영상의 시작점에 위치시킵니다.

유튜브 처음 시작하기

유튜브 핵심 기능 배우기

영상 업로드와 수정하기

내 채널 편집하기

영상 편집하기

채널 요소 만들기

유튜브로 수익 내기

끝점 조정하기

9 이번에는 가운데 분할선을 오른쪽으로 드래그하여 불필요한 영상의 끝점에 위치시킵니다.

편집 영상 저장하기

10 미리보기 화면에서 재생 버튼을 눌러보면 불필요한 영역은 재생되지 않고, 설정된 범위의 영상만 재생됩니다. [저장] 버튼을 누릅니다.

변경사항 저장하기

11 변경사항을 저장하는지 묻는 대화상자가 표시되면 [저장] 버튼을 누릅니다. 편집된 동영상이 하나의 동영상으로 저장된 것을 확인할 수 있습니다.

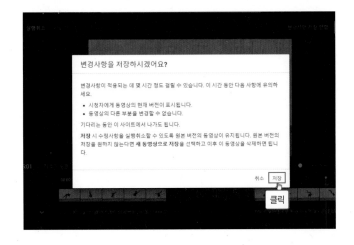

08 > 심플한 게 최고! 유튜브에서 기본 자막 넣기

유튜브에서 제공하는 자막 기능을 이용하면 영상에 바로 간단하게 기본 자막을 넣을 수 있습니다. 자막을 입력한 다음 원하는 길이와 위치로 자막 클립을 조정하여 영상에 자막을 넣는 방법에 대해 알아봅니다.

01 기본 자막 입력하기

유튜브 스튜디오 실행하기

1 [내 계정] 아이콘을 누르고 [YouTube 스튜디오]를 선택합니다. [자막] 아이콘을 누릅니다.

영상 선택하기

2 채널 자막 화면이 표시되면 자막을 넣으려는 영상을 선택합니다.

⊘ 자막 언어 선택하기

3 동영상 자막이 표시되면 언어를 선택합니다. 예제에서는 [한국어]를 선택한 다음 [확인]을 누릅니다.

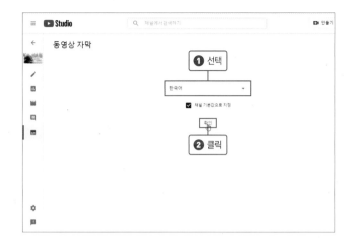

⊘ 동영상 자막 추가하기

4 자막을 추가하기 위해 [추가] 버튼을 누릅니다.

⊘ 새 자막 만들기

5 동영상에 새 자막을 넣기 위해 [새 자막 만들기] 버튼을 누릅니다.

유튜브 처음 시작하기

유튜브 핵심 기능 배우기

영상 업로드와 수정하기

내 채널 관리하기

영상 편집하기

채널 요소 만들기

유튜브로 수익 내기

자막 입력하기

6 입력창에 자막을 입력합니다. 여기서는 '보상을 위해 간식을 주세요!'라고 입력한 다음 [+] 버튼을 누릅니다.

자막 위치시키기

7 영상 하단에 자막 클립이 만들어졌습니다. 3초 정도 자막이 표시되도록 자막 클립의 오른쪽 끝부분을 드래그합니다.

02 기본 자막 추가하기

자막 추가하기

1 자막을 추가하기 위해 입력창에 '정말 잘했어요!' 라고 입력한 다음 [+] 버튼을 누릅니다.

❤ 자막 이동시키기

2 영상 하단에 자막 클립이 추가로 만들어졌습니다. 추가된 자막 클립을 영상의 끝부분으로 이동시키기 위해 자막 클립을 누른 다음 영상 오른쪽으로 드래그합니다.

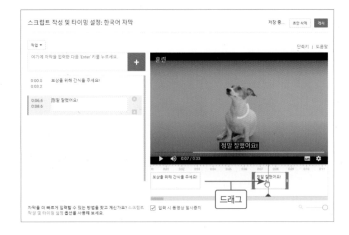

3 자막 위치가 정해지면 [게시] 버튼을 누릅니다.

❤ 자막 확인하기

4 유튜브에서 영상 화면의 [자막] 아이콘을 누른 다음 영상을 재생하면 자막이 표시되는 것을 확인할 수 있습니다.

09 > 자동으로 영문 번역 자막 만들기

유튜브는 전세계 시청자들이 보기 때문에 자막을 한글로만 표현하면 구독자 수를 늘리는 데 한계가 있습니다. 여기서는 한글 자막을 자동으로 영문 자막으로 번역하여 영상을 재생하는 방법에 대해 알아봅니다.

01 자동 번역 설정하기

◈ 번역 옵션 설정하기

1 번역 옵션을 지정하기 위해 자막이 있는 영상 화면 하단의 [설정] 아이콘을 누릅니다.

◈ 자동 번역 선택하기

2 팝업 메뉴에서 [자동 번역]을 선택합니다.

3 한국어에서 영어로 자동 번
역되도록 팝업 메뉴에서
[영어]를 선택합니다.

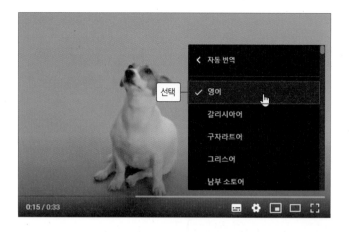

4 자막 항목이 [한국어≫영
어]로 변경되며 자막이 바
로 번역됩니다.

◎ 영상 확인하기

5 영상을 재생하면 자막이 한
글에서 영문으로 번역되어
재생됩니다.

유튜브 처음 시작하기

유튜브 핵심 기능 배우기

영상 업로드와 수정하기

내 채널 관리하기

영상 편집하기

채널 요소 만들기

유튜브 수익 내기

**10 > 배경 음악도 간단하게!
영상에 무료 오디오 넣기**

영상에 오디오를 삽입하면 완성도 있고, 재미를 줄 수 있습니다. 유튜브에서 제공하는 오디오 기능을 이용하면 저작권에 문제없는 오디오 파일을 찾아 영상에 바로 넣을 수 있는 장점이 있습니다.

01 오디오 삽입하기

🎙️ 유튜브 스튜디오 실행하기

1 [내 계정] 아이콘을 누르고 [YouTube 스튜디오]를 선택합니다. [콘텐츠] 아이콘을 누른 다음 배경 음악을 넣으려는 영상을 선택합니다.

🎙️ 편집기 실행하기

2 동영상 세부정보 화면이 표시되면 [편집기] 아이콘을 누릅니다.

🖐 오디오 추가하기

3 동영상 편집기가 표시되면
☑ 펼치기 버튼을 누른 다음 [+오디오]를 눌러 오디오를 추가합니다.

🖐 오디오 리스트 선택하기

4 오디오 추가 또는 교체 항목에서 동영상에 어울리는 오디오 리스트를 선택한 다음 [동영상에 추가]를 누릅니다. 동영상에 오디오가 추가되면 [변경사항 저장] 버튼을 누릅니다.

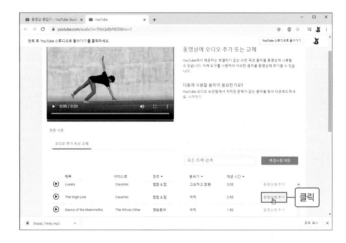

🖐 오디오 확인하기

5 영상을 재생하면 원본 영상에 배경 음악이 적용된 것을 확인할 수 있습니다. 볼륨 슬라이더를 드래그하여 오디오 크기를 조정합니다.

유튜브 처음 시작하기

유튜브 핵심 기능 배우기

영상 업로드와 수정하기

내 채널 관리하기

영상 편집하기

채널 요소 만들기

유튜브로 수익 내기

11 > 움직이는 인물의 얼굴을 흐리게 처리하기

초상권으로 인해 동영상에 등장하는 인물의 얼굴을 가려야 할 필요가 있을 때 얼굴을 인식시킨 다음 자동으로 움직이는 인물의 얼굴만 흐리게 처리할 수 있습니다.

01 얼굴만 흐리게 하기

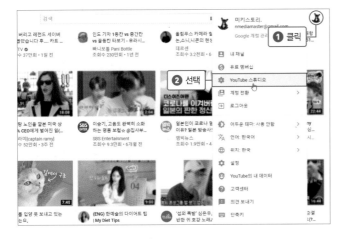

✎ 전체 영상 편집하기

1 업로드된 영상에 블러를 처리하기 위해 [내 계정] 아이콘을 누른 다음 [YouTube 스튜디오]를 선택합니다.

✎ 채널 대시보드

2 채널 대시보드 화면이 표시되면 [콘텐츠] 아이콘을 누릅니다. 채널 동영상 화면에서 블러 처리할 영상을 누릅니다. 동영상 세부정보 화면에서 [편집기] 아이콘을 누릅니다.

🖱 블러 추가하기

3 동영상 편집기가 나타나면 화면 하단의 [블러 추가]를 누릅니다.

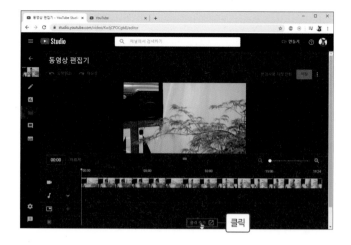

🖱 얼굴 흐리게 처리하기

4 얼굴 흐리게 처리 항목에서 [수정] 버튼을 누릅니다.

🖱 영상 확인하기

5 영상에 나오는 인물의 얼굴을 자동으로 인식하여 섬네일 형식으로 나타납니다. 얼굴을 누른 다음 [저장] 버튼을 누릅니다. 영상을 재생하면 인물이 이동함에 따라 얼굴이 흐리게 적용된 것을 확인할 수 있습니다.

12 > 영상의 일부분을 직접 선택하여 흐리게 만들기

자동으로 얼굴을 인식하여 흐리게 만드는 방법 외에 사용자가 직접 영역을 지정하고, 특정 재생 구간만 흐리게 조정할 수도 있습니다. 수동으로 영역을 지정할 때는 사각형 형태로 흐린 블러 효과가 적용됩니다.

01 직접 흐리게 처리하기

전체 영상 편집하기

1 [YouTube 스튜디오]를 선택하고 [콘텐츠] 아이콘을 누릅니다. 채널 동영상 화면에서 블러 처리할 영상을 누른 다음 [편집기] 아이콘을 누릅니다. 화면 하단의 [블러 추가]를 누릅니다.

직접 흐리게 처리하기

2 직접 흐리게 처리 항목의 [수정] 버튼을 누릅니다.

유튜브 처음 시작하기
유튜브 핵심 기능 배우기
영상 업로드와 수정하기
내 채널 관리하기
영상 편집하기
채널 요소 만들기
유튜브로 수익 내기

⬦ 직접 영역 지정하기

3 [직접 흐리게 처리] 대화상 자가 표시되면 영상을 재생 한 상태에서 흐리게 처리하려는 부분을 드래그하여 사각형 영역 으로 지정합니다.

⬦ 흐린 영역 확인하기

4 영상에 얼굴이 나타날 때 드래그하여 영역을 지정하 면 영상 화면 하단에 블러 효과 가 적용되는 타임라인이 표시됩 니다. 영역 지정을 마치면 [완료] 버튼을 누릅니다.

⬦ 영상 재생하기

5 영상을 재생하면 직접 드래 그한 영역이 흐리게 나타나 는 것을 확인할 수 있습니다.

13 > 영상 안에 또 다른 예고 영상 추가하기

유튜브에서 동영상 화면 안에 별도의 영상을 미리보기 이미지 형태로 표시하면 시청자는 다음 재생 영상으로 해당 영상을 선택할 확률이 높습니다. 여기서는 동영상 안에 카드 영상을 만드는 방법에 대해 알아봅니다.

01 동영상 관리자 옵션 설정하기

1 [YouTube 스튜디오]를 선택한 다음 [콘텐츠] 아이콘을 누릅니다. 채널 동영상 화면에서 예고 동영상을 추가할 영상을 누릅니다.

2 동영상 세부정보 화면이 표시되면 [카드] 버튼을 누릅니다.

카드 추가하기

3 푸들 영상이 나타납니다. 영상 안에 홍보 영상을 넣기 위해 먼저 [카드 추가] 버튼을 누릅니다.

카드 추가 옵션 선택하기

4 카드 추가 팝업 메뉴에서 동영상 또는 재생목록 항목의 [만들기] 버튼을 누릅니다.

카드 영상 선택하기

5 푸들 영상과 연결하여 홍보하려는 동영상을 선택합니다. 여기서는 [고양이] 동영상을 선택했습니다. 맞춤 메시지에는 '좋아요'를, 티저 텍스트에는 '푸들 키우기'를 입력하고 [카드 만들기] 버튼을 누릅니다.

02 카드 영상 재생 시간 설정하기

✧ 재생 위치 조정하기

1 영상 화면 하단의 타임라인에 카드 탭이 표시되며 카드 탭의 위치부터 카드 영상이 나타납니다. 카드 탭의 위치를 향초 영상의 0:12(12초) 위치로 드래그합니다.

✧ 티저 문구 선택하기

2 영상 화면을 재생시켜 보면 12초부터 오른쪽 상단에 티저 문구가 표시됩니다. 티저 문구를 누릅니다.

✧ 카드 영상 확인하기

3 티저 문구가 사라지면서 맞춤 메시지와 함께 연결될 홍보 영상이 표시됩니다. 이 영상을 누르면 홍보 영상이 연결하여 재생됩니다.

유튜브 처음 시작하기

유튜브 핵심 기능 배우기

영상 업로드와 수정하기

내 채널 관리하기

영상 편집하기

채널 요소 만들기

유튜브 수익 내기

14 > 영상 하나로 부족하다면 카드 영상 추가하기

영상 안에 별도의 카드 영상을 표시하였는데, 하나만으로는 부족하다면 추가로 카드 영상을 넣을 수 있습니다. 그만큼 내가 올린 영상을 선택할 확률도 더 높아지게 됩니다. 추가 카드 영상 만드는 방법을 알아봅니다.

01 카드 영상 추가하기

1 [YouTube 스튜디오]를 선택한 다음 [콘텐츠] 아이콘을 누릅니다. 채널 동영상 화면에서 예고 동영상을 추가할 영상을 누릅니다. 동영상 세부정보 화면이 표시되면 [카드] 버튼을 누릅니다.

🗸 카드 영상 추가하기

2 [카드 추가] 버튼을 누르고, 동영상 또는 재생목록 항목의 [카드 만들기] 버튼을 누릅니다. 푸들 영상과 연결하여 추가로 홍보하려는 동영상을 선택합니다. 여기서는 [훈련] 동영상을 추가로 선택했습니다.

유튜브 처음 시작하기

유튜브 핵심 기능 배우기

영상 업로드와 수정하기

내 채널 관리하기

영상 편집하기

채널 요소 만들기

유튜브로 수익 내기

카드 만들기

3 맞춤 메시지에는 '좋아요'를, 티저 텍스트에는 '애견 교육시키기'를 입력하고 [카드 만들기] 버튼을 누릅니다.

재생 위치 조정하기

4 영상 화면 하단의 타임라인에 카드 탭이 추가되었습니다. 카드 탭 위치를 기존 카드 영상 탭 뒤로 드래그하여 위치시킵니다.

영상 확인하기

5 영상 화면을 재생시켜 보면 기존 연결 카드 하단에 추가로 연결 카드가 표시되는 것을 확인할 수 있습니다.

15 > 구독을 부르는 종료 영상 만들기

영상의 종료 화면에 내 채널로 이동할 수 있는 채널 아이콘과 다른 영상으로 이동할 수 있는 영상 박스를 표시할 수 있습니다. 시청자는 영상과 연관된 영상을 연속해서 볼 수 있기 때문에 구독을 신청할 확률도 높아집니다.

01 종료 영상 템플릿 선택하기

종료 영상 구성하기

1 [YouTube 스튜디오]를 선택한 다음 [콘텐츠] 아이콘을 누릅니다. 채널 동영상 화면에서 종료 동영상을 추가할 영상을 누릅니다.

최종 화면 표시하기

2 동영상 세부정보 화면이 표시되면 [최종 화면] 버튼을 누릅니다.

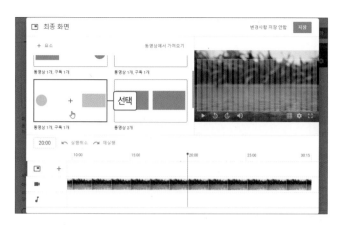

◈ 템플릿 선택하기

3 최종 화면 대화상자가 표시되면 오른쪽과 왼쪽 가운데 정렬된 템플릿을 선택합니다.

02 영상 연결하기

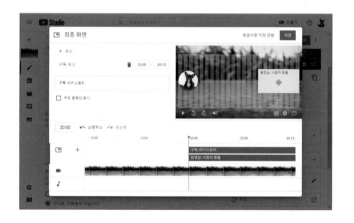

◈ 영상 선택하기

1 영상 화면 왼쪽에는 채널 아이콘이 표시되며, 오른쪽에는 채널 목록으로 이동하는 영상 박스가 표시됩니다. 오른쪽 영상박스를 더블클릭합니다.

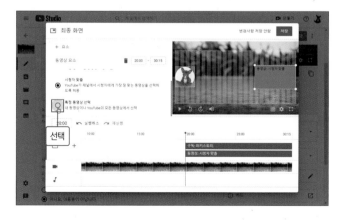

◈ 특정 동영상 선택하기

2 왼쪽 화면에서 내 동영상에서 선택하기 위해 [특정 동영상 선택]을 선택합니다.

🦊 동영상 선택하기

3 영상 박스에 연결시키려는 동영상을 선택합니다.

🦊 재생 시간 조정하기

4 미리보기 영상에 그림과 같이 영상 박스가 표시됩니다. 화면 하단의 클립을 드래그하여 채널 이미지나 영상 박스의 클립 재생 시간을 조정한 다음 [저장] 버튼을 누릅니다.

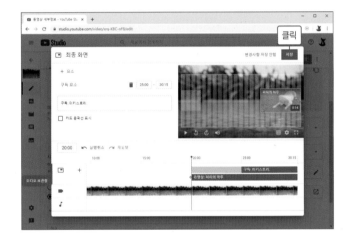

🦊 영상 확인하기

5 영상을 재생하면 영상이 끝나는 시점에서 다른 영상으로 이동할 수 있는 영상 박스와 내 채널로 이동할 수 있는 채널 아이콘이 표시되는 종료 영상을 확인할 수 있습니다.

16 > 빠른 검색을 위한 재생목록 만들기

같은 주제의 영상을 모아 제공하면 시청자들은 쉽게 영상을 찾을 수 있으며, 관심 있는 영상을 연속해서 볼 수 있습니다. 여기서는 연관된 주제에 맞게 영상을 모아 재생목록을 만드는 방법에 관해 알아봅니다.

01 재생목록 만들기

1 [내 계정] 아이콘을 누른 다음 [YouTube 스튜디오]를 선택합니다. 채널 대시보드 화면이 표시되면 [재생목록] 아이콘을 누릅니다.

◇ 새 재생목록 만들기

2 [재생목록]을 선택하면 아직 재생목록이 없으므로 추가하기 위해서 [새 재생목록] 버튼을 누릅니다.

🖋 재생목록 이름 입력하기

3 재생목록 제목 입력창에 제목을 입력합니다. 여기서는 '일상모음'을 입력했습니다. [만들기] 버튼을 누릅니다.

🖋 수정 기능 실행하기

4 재생목록이 만들어지면 동영상을 추가하기 위해 [옵션] 버튼을 누른 다음 [동영상 추가]를 선택합니다.

🖋 동영상 추가하기

5 재생목록 화면이 표시되면 재생목록과 연관된 동영상을 추가하기 위해 [내 YouTube 동영상]을 누릅니다.

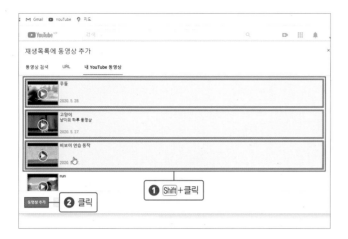

유튜브 처음 시작하기

유튜브 핵심 기능 배우기

영상 업로드와 수정하기

내 채널 관리하기

영상 편집하기

채널 요소 만들기

유튜브로 수익 내기

✧ 여러 개의 동영상 선택하기

6 Shift 를 누른 채 동영상을 선택한 다음 [동영상 추가] 버튼을 누릅니다.

✧ 재생목록 확인하기

7 선택된 동영상이 '일상모음'이라는 재생목록에 포함된 것을 확인할 수 있습니다.

주제별 재생목록

재생목록은 누구나 만들고 공유할 수 있는 동영상 모음입니다. 재생목록은 주제를 정해서 만들면 좋습니다. 예를 들어, 운동할 때 들을 음악을 모으거나 좋아하는 축구 경기의 득점 동영상 모음을 만들고 요리 동영상을 친구와 함께 공유해 보세요.

17 > 친구와 함께 재생목록 만들기

친구들이 내 재생목록에 동영상을 추가할 수 있도록 설정할 수 있습니다. 또한 재생목록 링크를 공유한 모든 사용자가 재생목록에 동영상을 추가할 수 있으며, 추가한 동영상을 삭제할 수도 있습니다.

01 공동 작업 설정하기

🖑 채널목록 실행하기

1 [내 계정] 아이콘을 누르고 [YouTube 스튜디오]를 선택합니다. 채널 대시보드 화면이 표시되면 [재생목록] 아이콘을 누릅니다.

🖑 재생목록 수정 실행하기

2 친구들과 공유할 수 있도록 설정하기 위해 공유할 재생목록의 [수정] 버튼을 누릅니다.

유튜브 처음 시작하기

유튜브 핵심 기능 배우기

영상 업로드와 수정하기

내 채널 관리하기

영상 편집하기

채널 요소 만들기

유튜브 수익 내기

📀 재생목록 설정하기

3 선택한 재생목록 화면이 표시되면 [옵션] 버튼을 누른 다음 [재생목록 설정]을 선택합니다.

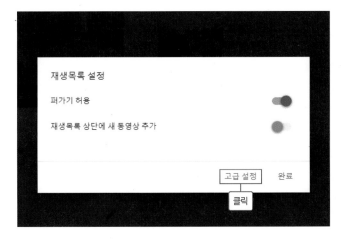

📀 고급 설정하기

4 재생목록 설정 대화상자가 표시되면 [고급 설정]을 누릅니다.

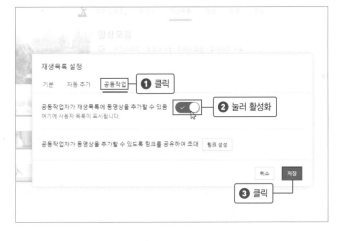

📀 공동 작업 설정하기

5 [재생목록 설정] 대화상자가 표시되면 [공동작업]을 누릅니다. [공동작업자가 재생목록에 동영상을 추가할 수 있음]을 눌러 활성화하고 [저장] 버튼을 눌러 설정을 마칩니다.

18 > 이런 단어는 금지! 차단 단어 지정하기

내 채널의 영상에 악성 댓글을 지속해서 달거나 채팅창에서 불손한 글을 자주 게시하는 사용자가 있다면 유튜브의 차단 단어 기능으로 악성 시청자를 사전에 차단할 수 있습니다.

01 차단 단어 지정하기

🖐 유튜브 스튜디오 실행하기

1 [내 계정] 아이콘을 누르고 [YouTube 스튜디오]를 선택합니다. 채널 대시보드 화면이 표시됩니다.

🖐 커뮤니티 설정하기

2 차단 단어를 설정하기 위해 [설정]을 누릅니다.

차단 단어 입력하기

3 설정 대화상자에서 [커뮤니티]를 누른 다음 차단된 단어 항목에 차단하려는 단어를 입력한 다음 쉼표를 이용하여 입력합니다.

차단 단어 저장하기

4 커뮤니티 설정 화면의 오른쪽 하단에 [저장] 버튼을 누릅니다. 이후로 차단 단어와 일치하는 댓글과 실시간 채팅은 차단됩니다.

알아두기

차단된 단어 목록 추가하기

댓글에 표시되지 않도록 금지할 단어 및 문구 목록을 차단된 단어 목록에 추가할 수 있습니다. 승인된 사용자 목록에 있는 사용자가 게시한 댓글인 경우를 제외하고, 차단된 단어 목록에 추가한 표현과 유사한 댓글은 검토를 위해 보류됩니다. 이러한 단어가 포함된 실시간 채팅 메시지도 차단됩니다.

19 > 좀 떨어져 줄래?
악성 시청자 차단하기

악성 댓글을 지속해서 올리는 악성 시청자가 있다면 해당 시청자의 댓글을 내 채널에서 숨길 수 있습니다. 여기서는 커뮤니티 기능 중 댓글 관리 기능에 대해 알아보겠습니다.

01 댓글 숨기기

유튜브 스튜디오 실행하기

1 [내 계정] 아이콘을 누르고 [YouTube 스튜디오]를 선택합니다. 채널 대시보드 화면이 표시됩니다.

댓글 확인하기

2 [댓글]을 선택하면 채널 댓글이 표시됩니다.

댓글 숨기기

3 해당 사용자의 댓글을 숨기기 위해 메뉴에서 [채널에서 사용자 숨기기]를 선택합니다.

숨긴 댓글 화면 확인하기

4 해당 댓글이 그림과 같이 채널에서 숨겨진 것을 확인할 수 있습니다.

숨겨진 사용자 등록 표시

차단한 시청자는 숨겨진 사용자로 등록됩니다. 유튜브 스튜디오를 표시한 다음 [설정] – [커뮤니티]를 선택하면 숨겨진 사용자 목록에 숨겨진 사용자가 아이콘화되어 등록되어 있습니다. 숨겨진 사용자의 숨김 설정을 해제하려면 사용자 아이콘의 [닫기(X)] 아이콘을 누릅니다.

긴급! 영상 파일이 열리지 않을 때 파일 변환하기

유튜브에 영상을 올리는 도중에 '파일 형식이 잘못되었습니다.' 또는 '영상 편집 프로그램에서 지원하지 않는 파일입니다.'라는 오류 메시지가 표시되는 경우가 발생하기도 합니다. 이때 유튜브에 지원되는 파일 형식으로의 파일 변환 작업이 필요합니다.

01 인코더 프로그램 설치하기

✎ 곰인코더 다운로드하기

1 인코더 프로그램인 곰인코더를 설치하기 위해 웹 브라우저를 실행하고 'encoder. gomtv.com'을 입력하여 곰인코더 사이트로 이동한 다음 [다운로드] 버튼을 누릅니다.

TIP
• 유튜브 영상 최적 파일 형식 : MP4
• 오디오 코덱 : AAC-LC
• 동영상 코덱 : H.264

✎ 곰인코더 설치하기

2 [곰인코더 설치] 대화상자가 표시되면 [다음] 버튼을 눌러 곰인코더 설치를 진행합니다.

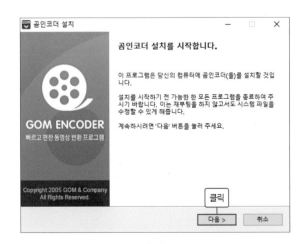

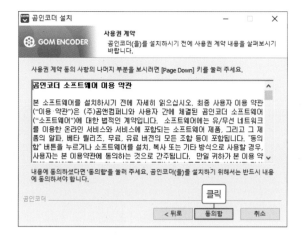

✎ 사용권 동의하기

3 곰인코더 소프트웨어 이용 약관이 표시되면 내용을 확인한 후 사용권에 동의하기 위해 [동의함] 버튼을 누릅니다.

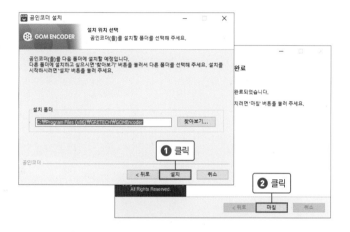

✎ 설치 완료하기

4 곰인코더 설치 폴더 경로를 확인한 다음 [설치] 버튼을 눌러 설치를 시작합니다. 설치가 완료되면 [마침] 버튼을 누릅니다.

02 영상 파일 변환하기

✎ 곰인코더 실행하기

1 곰인코더를 실행하면 로그인 화면이 표시됩니다. [로그인 하지 않고 무료 버전으로 사용] 버튼을 누릅니다. 인코딩 영상 5분 후부터 워터마크가 표시된다는 메시지가 표시되면 [예] 버튼을 누릅니다.

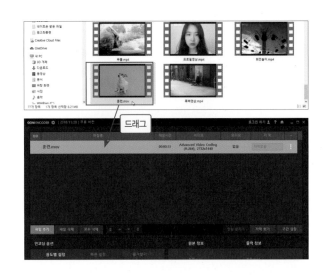

🐾 파일 불러오기

2 [예제 소스] 폴더에서 '훈련.mov' 파일을 곰인코더의 작업 패널로 드래그하여 위치시킵니다.

TIP 지원되는 유튜브 파일 형식
저장할 동영상 파일 형식이 확실하지 않거나 업로드 중에 다음 형식 중 하나를 사용하는지 확인하세요. MOV, MPEG4, MP4, AVI, WMV, MPEGPS, FLV

🐾 화면 크기 설정하기

3 최적의 유튜브 영상으로 변환하기 위해 [인터넷 동영상]을 선택한 다음 화면 크기를 [1920x1080(Full HD, 1080p)]로 선택합니다.

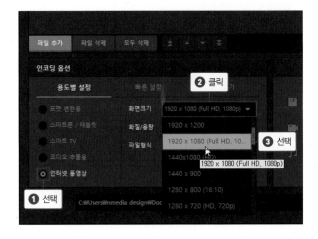

🐾 화질/용량 선택하기

4 영상의 화질을 선명하게 변환하기 위해 화질/용량을 [고화질(100%)]로 선택합니다.

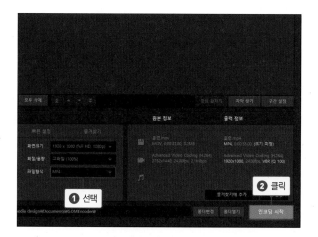

☝ 파일 형식 선택하기

5 파일 형식은 유튜브에 최적인 파일 포맷인 [MP4]로 선택한 다음 [인코딩 시작] 버튼을 누릅니다.

☝ 인코딩 진행하기

6 영상이 MOV 파일 포맷에서 MP4 파일 포맷으로 변환됩니다. 출력 정보에는 변환되는 파일 형식과 영상 크기, 해당 코덱이 나타납니다.

☝ 변환 영상 확인하기

7 인코딩이 완료되면 파일 용량이 표시됩니다. [재생하기]를 누릅니다.

8 영상이 변환되었는지 재생하여 확인합니다.

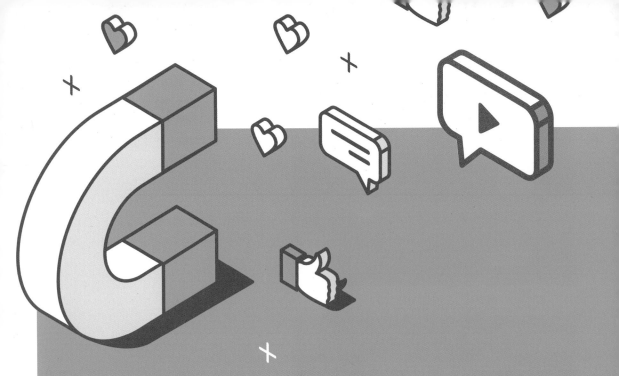

YouTube

PART 04

영상을 올린 후에는 채널 관리가 중요해!

유튜브에 영상만 올렸다고 저절로 구독자가 늘어날까요? 잘되는 채널은 영상이 잘 정리되어 있고, 방문하는 구독자를 위한 채널이 설정되어 있습니다. 불필요한 영상을 삭제하거나 이벤트 형식으로 실시간 방송을 실시하여 구독자들에게 즐거움을 선사하기도 하지요. 여기서는 효과적인 채널 관리 방법을 소개합니다.

01 > 나만의 유튜브 개인 공간, 내 채널 알아보기

[내 계정] 아이콘을 누른 다음 [내 채널]을 선택하면 표시되는 화면으로, 상단의 채널 아트와 채널 아이콘, 업로드한 동영상부터 시청자에게 인기 있는 동영상, 재생 목록들을 한눈에 확인할 수 있습니다.

유튜브 메인 화면

❶ **채널 아트** : 내 유튜브 페이지 상단에 배너로 표시합니다. 이 배너로 채널을 브랜드화하고 페이지에 개성 있는 스타일을 부여할 수 있습니다.

❷ **채널 아이콘** : 유튜브에서 동영상과 채널용으로 다른 사용자에게 표시되는 아이콘입니다.

❸ **홈** : 채널의 홈 화면으로 이동하며, 재방문 구독자용과 신규 방문자용으로 구분하여 관리할 수 있습니다.

❹ **동영상** : 지금까지 업로드한 영상을 조건에 맞게 확인할 수 있습니다.

❺ **재생목록** : 영상을 목록 형식으로 구분 및 관리하여 시청자들의 구독을 유도합니다.

❻ **채널** : 구독 정보를 표시합니다.

❼ **토론** : 공개 댓글을 주고 받으면서 커뮤니케이션할 수 있습니다.

❽ **정보** : 가입일과 조회 수, 가입 장소 등 세부 정보를 확인합니다.

❾ **채널 검색** : 영상 제목을 입력하여 영상 채널을 검색할 수 있습니다.

내 채널 화면

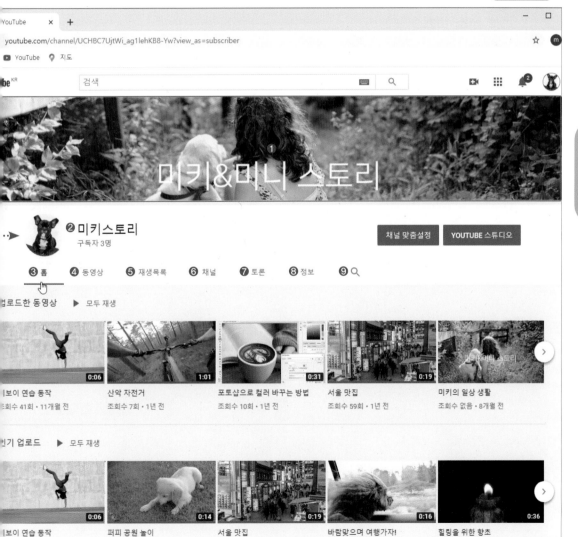

02 > 끼리끼리 모은다!
주제별로 섹션 만들기

채널 섹션을 사용하면 채널에서 강조하고 싶은 콘텐츠를 구성하고 홍보할 수 있습니다. 또한 동영상을 특정 방식으로 그룹화할 수 있으므로 시청자가 보고 싶은 동영상을 더 쉽게 선택할 수 있습니다.

01 재생 목록 만들기

✔ 내 채널 표시하기

1 [내 계정] 아이콘을 누르고 [내 채널]을 선택합니다.

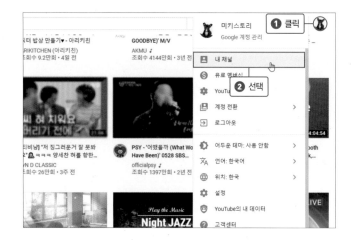

✔ 채널 맞춤 설정하기

2 내 채널 화면이 표시되면 섹션으로 동영상을 정리하기 위해 [채널 맞춤 설정] 버튼을 누릅니다.

섹션 추가하기

3 섹션을 만들기 위해 [섹션 추가] 버튼을 누릅니다.

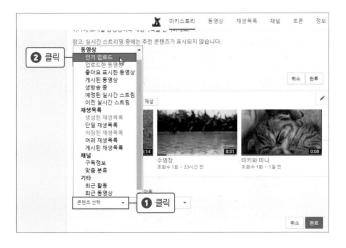

콘텐츠 선택하기

4 콘텐츠 항목에서 [인기 업로드]를 선택합니다. 유튜브에 올린 동영상에서 조회 수가 가장 많은 순서대로 구성됩니다.

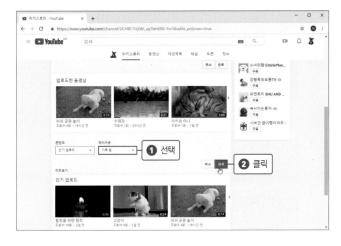

레이아웃 선택하기

5 레이아웃 배열 형태를 [가로행]으로 선택하면 그림과 같이 가로 배열로 영상의 미리보기 화면이 표시됩니다. [완료] 버튼을 누릅니다.

섹션 추가하기

주제가 다른 섹션 만들기

1 다른 주제로 섹션을 추가하기 위해 [섹션 추가] 버튼을 누릅니다.

콘텐츠 선택하기

2 콘텐츠 항목에서 [최근 활동]을 선택합니다. 시청자는 가장 최근에 만들거나 수정된 영상을 한번에 볼 수 있습니다. 레이아웃은 [세로 목록]으로 선택합니다.

레이아웃 수정하기

3 최근 활동 항목의 영상이 세로로 배열된 것을 확인할 수 있습니다. 배열을 수정하기 위해서는 연필 모양의 [수정] 아이콘을 누릅니다.

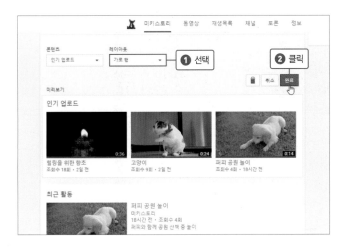

✎ 수정 완료하기

4 레이아웃 항목을 [가로행]
으로 선택하고 [완료] 버튼
을 누릅니다.

✎ 레이아웃 확인하기

5 최근 활동 섹션이 세로 배
열에서 가로 배열로 변경되
었습니다.

TIP 한정된 영역에서는 가로 배열
이 효율적입니다.

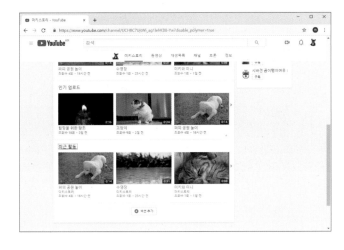

✎ 섹션 확인하기

6 만들어진 섹션을 보면 섹션
순으로 깔끔하게 정렬되어
있는 것을 확인할 수 있습니다.

03 > 방문자 입맛에 맞게! 채널 레이아웃 사용하기

채널 레이아웃을 맞춤 설정하여 시청자가 채널에 방문했을 때 보여주고 싶은 화면을 선보일 수 있습니다. 채널 예고편을 추가하고, 구독자에게 콘텐츠를 추천하고, 모든 동영상과 재생목록을 섹션별로 정리할 수도 있습니다.

01 구독자용 추천 콘텐츠 만들기

🖑 채널 레이아웃 사용하기

1 채널 레이아웃을 설정하기 위해 유튜브에서 [내 계정] 아이콘을 누른 다음 [내 채널]을 선택합니다.

🖑 채널 맞춤 설정하기

2 화면 상단에 [채널 맞춤 설정] 버튼을 누릅니다.

🖑 채널 설정하기

3 내 채널 화면이 표시되면 화면 오른쪽 상단의 [설정] 아이콘을 누릅니다.

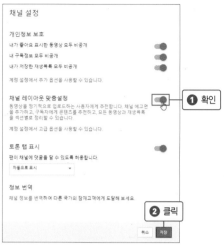

레이아웃 맞춤 설정하기

4 [채널 설정] 대화상자가 표시되면 [채널 레이아웃 맞춤 설정]이 활성화되어 있는지 확인하고 [저장] 버튼을 누릅니다.

콘텐츠 추천하기

5 채널 레이아웃이 재방문 구독자용과 신규 방문자용으로 구분됩니다. [재방문 구독자용]이 선택된 상태에서 [콘텐츠 추천] 버튼을 누릅니다.

추천 동영상 선택하기

6 [동영상 또는 재생목록 추천] 대화상자가 표시되면 재방문자에게 추천하려는 동영상을 선택하고 [저장] 버튼을 누릅니다.

소개 제목 입력하기

7 [제목 추가] 대화상자가 표시되면 동영상 소개 제목을 입력한 다음 [저장] 버튼을 누릅니다.

추천 목록 확인하기

8 재방문 구독자용 화면에 추천 목록이 추가된 것을 확인할 수 있습니다. [완료] 버튼을 누릅니다.

(02) 신규 방문자용 채널 예고편 만들기

채널 예고편 실행하기

1 [신규 방문자용]을 누른 다음 [채널 예고편] 버튼을 누릅니다.

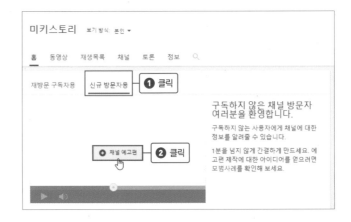

채널 예고편 선택하기

2 [채널 예고편 선택] 대화상자가 표시되면 추천 영상을 선택한 다음 [저장] 버튼을 누릅니다.

예고편 확인하기

3 채널에서 선택한 예고편 동영상이 신규 방문자용 추천 재생 목록으로 등록되었습니다.

예고편 수정하기

4 등록된 예고편 동영상을 수정하기 위해서는 연필 모양의 [수정] 아이콘을 누른 다음 팝업 메뉴에서 [예고편 변경]을 선택합니다.

예고편 동영상 선택하기

5 [채널 예고편 선택] 대화상자가 표시되면 변경하려는 동영상을 선택하고 [저장] 버튼을 누릅니다.

수정 영상 확인하기

6 신규 방문자용 예고편 동영상이 수정된 것을 확인할 수 있습니다.

04 > 유튜브에 올린 영상 삭제하기

유튜브에 올린 영상은 필요에 따라 삭제가 가능합니다. 유튜브 스튜디오의 동영상 삭제 기능을 이용하여 삭제하려는 영상을 선택하여 영구적으로 삭제할 수 있습니다.

01 영상 삭제하기

삭제할 영상 불러오기

1 유튜브에 올린 영상을 삭제하기 위해 삭제하려는 영상을 불러옵니다.

유튜브 스튜디오 표시하기

2 [내 계정] 아이콘을 누른 다음 [YouTube 스튜디오]를 선택합니다.

유튜브 처음 시작하기

유튜브 핵심 기능 배우기

영상 업로드와 수정하기

내 채널 관리하기

영상 편집하기

채널 요소 만들기

유튜브로 수익 내기

동영상 관리자 선택하기

3 왼쪽 메뉴에서 [콘텐츠] 아이콘을 선택합니다. 유튜브에 올려진 영상이 목록으로 표시됩니다.

원하는 영상 삭제하기

4 삭제하려는 영상의 옵션 아이콘(⋯)을 누른 다음 팝업 메뉴에서 [완전 삭제]를 선택합니다.

5 동영상을 영구적으로 삭제할지 묻는 메시지 창이 표시되면 [완전 삭제] 버튼을 눌러 영상을 삭제합니다.

05 > 업로드한 영상 다운로드하기

유튜브에 업로드한 동영상은 다시 MP4 파일로 다운로드하여 내 PC에 저장할 수 있습니다. 이 기능을 활용하면 유튜브에 영상을 올려 저장하고, 필요할 때 다시 다운로드할 수 있어서 백업의 용도로도 영상 저장이 가능합니다.

01 내 채널의 동영상 다운로드하기

✎ 유튜브 스튜디오 표시하기

1 [내 계정] 아이콘을 누른 다음 [YouTube 스튜디오]를 선택합니다. 채널 대시보드 화면이 표시됩니다.

✎ 콘텐츠 선택하기

2 [콘텐츠] 아이콘을 선택하여 내 채널의 영상을 목록 형식으로 표시합니다.

⌖ MP4 파일로 다운로드하기

3 다운로드하려는 영상의 [옵션] 버튼을 눌러 팝업 메뉴에서 [다운로드]를 선택합니다.

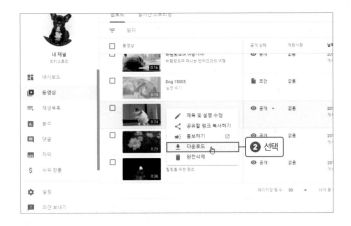

⌖ 다운로드 폴더 열기

4 동영상이 내 PC에 저장됩니다. 동영상 파일이 다운로드되면 파일 이름 오른쪽의 [팝업(∨)] 아이콘을 누른 다음 팝업 메뉴에서 [폴더 열기]를 선택합니다.

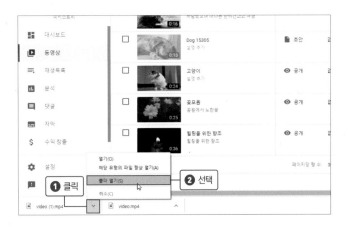

⌖ 다운로드 파일 확인하기

5 다운로드된 동영상 파일을 확인할 수 있으며, 동영상을 선택하면 영상이 재생됩니다.

06 > 4K 비디오로 유튜브 영상 다운로드하기

유튜브에 업로드된 영상들은 내 PC로 다운로드할 수 있습니다. 다른 사람의 영상물은 제작자의 저작권이 있으므로, 다운로드한 영상을 다른 용도로 사용해서는 안 됩니다. 여기서는 4K 비디오 다운로더 프로그램을 이용하여 영상을 저장해 보겠습니다.

01 4K 비디오 다운로더 설치하기

♢ 프로그램 다운로드하기

1 4K 비디오 다운로더 프로그램을 설치하기 위해 4K 다운로드(www.4kdownload.com) 사이트로 이동한 다음 [4K 비디오 다운로더 받기]를 누릅니다.

TIP 구글 크롬 브라우저를 사용한다면 [번역] 버튼을 눌러 한글로 표시합니다.

♢ 4K 비디오 다운로더 실행하기

2 4K 비디오 다운로더 프로그램이 다운로드되면 파일 이름 오른쪽의 [팝업(∨)] 아이콘을 누른 다음 팝업 메뉴에서 [열기]를 선택합니다.

유튜브 처음 시작하기

유튜브 핵심 기능 배우기

영상 업로드와 수정하기

내 채널 관리하기

영상 편집하기

채널 요소 만들기

유튜브로 수익 내기

⊘ 프로그램 설치하기

3 4K 비디오 다운로더 설치 마법사가 표시되면 [Next] 버튼을 눌러 설치를 시작합니다. 프로그램 사용 라이선스 관련 문구가 표시되면 동의하기 위해 체크 표시한 다음 [Next] 버튼을 누릅니다.

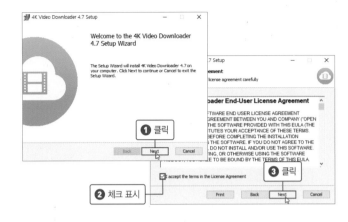

⊘ 설치 완료하기

4 설치 경로를 지정하는 대화 상자가 표시되면 기본값으로 설치하기 위해 [Next] 버튼을 누릅니다. 프로그램 설치가 완료되면 [Finish] 버튼을 누릅니다.

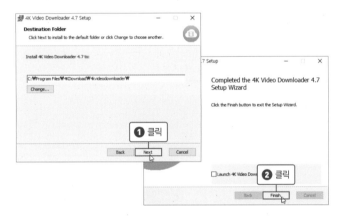

⑫ 유튜브 영상 다운로드하기

⊘ 링크 복사하기

1 먼저 영상 위를 마우스 오른쪽 버튼을 눌러 팝업메뉴에서 [동영상 URL 복사]를 선택합니다.

TIP 다운로드하려는 영상을 실행한 다음 링크 주소를 드래그하고 Ctrl+C를 눌러 복사합니다.

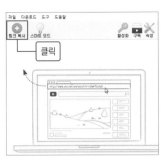 

유튜브 처음 시작하기

유튜브 핵심기능 배우기

영상 업로드와 수정하기

내 채널 편집하기

영상 편집하기

채널 요소 만들기

유튜브로 수익 내기

링크 붙여넣기

2 4K 비디오 다운로더를 실행한 다음 [링크 복사] 아이콘을 누르면 그림과 같이 자동으로 링크된 영상을 분석합니다.

다운로드 품질 설정하기

3 영상의 품질과 저장될 파일 경로를 지정합니다. 여기서는 [고화질]을 선택하고, 경로는 기본값을 설정했습니다. [다운로드] 버튼을 누릅니다.

영상 확인하기

4 다운로드가 완료되면 다운로드된 영상 항목의 [메뉴] 아이콘을 누른 다음 팝업 메뉴에서 [재생]을 선택하여 영상을 확인합니다.

07 > 스마트폰에서 유튜브에 실시간 업로드하기

야외에서 촬영한 영상을 실시간으로 유튜브에 올리고 싶다면 스마트폰이나 아이패드에서 유튜브 앱을 다운로드하여 사용해 보세요. 스마트폰에서 바로 영상을 촬영한 다음 간단하게 편집하여 유튜브 영상으로 올릴 수도 있습니다.

01 유튜브 앱 설치하기

✎ 유튜브 앱 다운로드하기

1 스마트폰의 앱스토어에서 '유튜브' 앱을 검색한 다음 설치합니다. 유튜브 앱을 설치한 다음 구글 계정에 로그인합니다.

✎ 영상 검색하기

2 유튜브가 실행되면 [검색] 아이콘을 터치한 다음 검색 창에 검색하려는 영상의 키워드를 입력합니다. 검색된 키워드의 영상을 터치하여 재생할 수 있습니다.

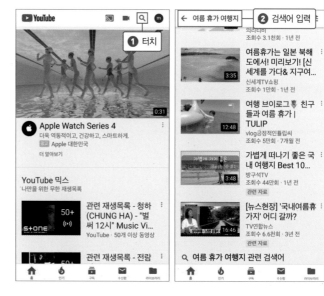

02 영상 녹화하기

✦ 영상 촬영하기

1 영상을 바로 촬영하고 유튜브에 업로드하기 위해 [업로드] 아이콘을 터치합니다. 프로그램 시작 화면이 표시되면 [액세스 허용] 버튼을 누릅니다.

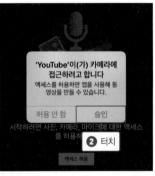

✦ 유튜브 액세스 허용하기

2 유튜브에서 사용자의 사진에 접근하려고 하는 메시지가 표시되면 [승인] 버튼을 누릅니다. 연속해서 카메라 접근 메시지가 표시되면 [승인] 버튼을 누릅니다.

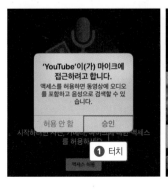

3 연속해서 유튜브가 마이크에 접근하려고 하는 메시지가 표시되면 [승인] 버튼을 누르고 [녹화] 아이콘을 터치합니다.

🐾 녹화 종료하기

4 [녹화] 아이콘을 터치하여 영상을 촬영합니다.
영상 촬영을 마치면 [종료] 아이콘을 터치합니다.

---

03 영상 편집하기

🐾 영상 길이 조정하기

1 영상 편집 화면이 표시되면 왼쪽 하단의 [자르기] 아이콘이 선택된 상태에서 영상 클립의 오른쪽 부분을 왼쪽으로 드래그하면 영상의 길이가 줄어듭니다.

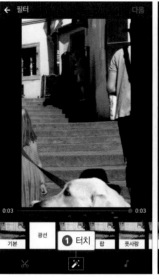

필터 적용하기

2 편집 화면 가운데 하단의 [보정] 아이콘을 터치하고 영상의 색상을 조정하기 위해 원하는 필터를 선택합니다.

Hot Heat	Topher Mohr and Alex Elena 락	3:09
Daisy Dukes	Silent Partner 컨트리 & 포크	2:56
Not Too Cray	Huma-Huma 힙합 & 랩	2:10
Moth	Silent Partner 힙합 & 랩	2:21
Riding	ALBIS 락	1:52
Bounce It	Silent Partner 어둡게	2:52
Omission	Huma-Huma 레게	2:45
Monks	Topher Mohr and Alex Elena R&B 소울	3:09
The Chase	Topher Mohr and Alex Elena	2:28

음악 추가하기

3 영상에 음악을 추가하기 위해 [오디오] 아이콘을 터치한 다음 [음악 추가]를 터치합니다. 추천 항목이 표시되면 원하는 음악의 [추가(+)] 아이콘을 터치합니다. 음악 화면에서 [다음]을 터치합니다.

유튜브 처음 시작하기

유튜브 촬영 기능 배우기

영상 업로드와 수정하기

내 채널 관리하기

영상 편집하기

채널 요소 만들기

유튜브 수익 내기

04 유튜브에 영상 업로드하기

영상 업로드하기

1 세부정보 추가 화면이 표시되면 영상의 제목을 입력한 다음 추가로 설명을 입력하고 [업로드]를 터치합니다. 영상이 업로드됩니다.

유튜브 영상 확인하기

2 영상이 업로드되면 유튜브의 내 채널에서 영상을 확인할 수 있습니다.

08 > 라이브로 즐긴다! 실시간 방송 설정하기

실시간 방송은 실시간으로 촬영하는 영상을 유튜브에 올리는 스트리밍 서비스입니다. 촬영한 영상을 유튜브에 올리는 방식이 아니라, 현장에서 바로 영상 촬영과 동시에 채팅을 통해 소통할 수 있는 장점이 있습니다.

01 실시간 스트리밍 설정하기

실시간 스트리밍 표시하기

1 [내 계정] 아이콘을 누른 다음 [YouTube 스튜디오]를 선택합니다. 채널 대시보드 화면이 표시되면, [실시간 스트리밍 시작] 아이콘을 누릅니다.

계정 확인하기

2 계정 확인 단계 화면이 표시됩니다. 국가 선택을 한 다음 인증 코드 받는 방법을 선택합니다. 여기서는 [인증 코드를 문자 메시지로 전송]을 선택합니다. 전화번호를 입력하고 [제출] 버튼을 누릅니다.

🔖 인증 코드 제출하기

3 휴대폰으로 인증 코드가 전
송되면 입력 창에 6자리 인
증 코드를 입력하고 [제출] 버튼
을 누릅니다.

🔖 계정 확인 완료하기

4 유튜브 계정 확인 완료 메
시지가 표시되면 [계속] 버
튼을 누릅니다.

🔖 이용 안내 확인하기

5 실시간 스트리밍을 이용하
기 위해서는 24시간 후 이
용이 가능하다는 메시지가 표시
됩니다.

09 > 라이브 관제실로 실시간 방송하기

유튜브의 유튜브 스튜디오에서는 라이브 관제실 기능을 제공하여 손쉽게 실시간으로 영상을 내보내면서 채팅도 가능합니다. 카메라가 장착된 노트북이나 웹캠이 연결된 PC를 이용하여 실시간 방송을 시작해 보세요.

01 실시간 방송하기

◈ 유튜브 스튜디오 실행하기

1 24시간 이후 실시간 방송을 하기 위해 [내 계정] 아이콘을 누른 다음 [YouTube 스튜디오]를 선택합니다. 채널 대시보드 화면이 표시되면, [실시간 스트리밍 시작] 아이콘을 누릅니다.

◈ 스트림 제목 입력하기

2 [웹캠 스트림 정보] 대화상자가 표시되면 실시간 스트리밍 제목을 입력하고 [다음] 버튼을 누릅니다.

🤚 미리보기 이미지 촬영하기

3 실시간 방송의 미리보기 이미지를 만들기 위해 사진을 촬영합니다. 자동으로 카운팅되며 사진이 촬영됩니다.

🤚 실시간 방송 시작하기

4 [스트림 미리보기] 대화상자가 표시되면 [실시간 스트리밍 시작하기] 버튼을 누릅니다.

5 '실시간 스트리밍이 시작되었습니다.'라는 메시지가 표시되면서 라이브 방송이 시작됩니다.

02 채팅 시작하기

✎ 채팅 문자 입력하기

1 채팅 입력창에 문자를 입력하면 실시간 라이브 방송과 함께 채팅이 시작됩니다.

✎ 스트림 종료하기

2 실시간 방송을 종료하기 위해서는 [스트림 종료] 버튼을 누릅니다.

3 '스트림을 종료하시겠습니까?'라는 메시지 창이 표시되면 [종료] 버튼을 누릅니다.

4 동영상 관리자를 살펴보면 실시간 방송 영상이 동영상 채널에 저장된 것을 확인할 수 있습니다.

10 > 기대해도 좋아!
실시간 방송 예약하기

유튜브 라이브 관제실에서는 실시간 방송 예약을 설정하여 시청자가 해당 날짜와 시간에 맞춰 실시간 방송에 참여할 수 있도록 방송 예약 기능을 제공하고 있습니다.

01 라이브 방송 예약 설정하기

유튜브 스튜디오 실행하기

1 [내 계정] 아이콘을 누른 다음 [YouTube 스튜디오]를 선택합니다. 채널 대시보드 화면이 표시됩니다.

실시간 스트리밍 시작하기

2 채널 대시보드 화면이 표시되면, [실시간 스트리밍 시작] 아이콘을 누릅니다.

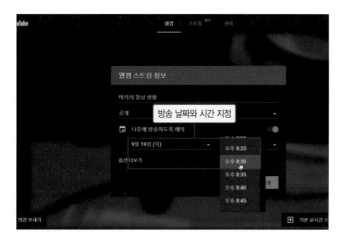

유튜브 처음 시작하기

유튜브 핵심 기능 배우기

영상 업로드와 수정하기

내 채널 관리하기

영상 편집하기

채널 요소 만들기

유튜브로 수익 내기

✅ 날짜와 시간 예약하기

3 [웹캠 스트림 정보] 대화상자가 표시되면 방송을 예약하기 위해 방송 날짜와 방송 시간을 지정합니다.

✅ 예약 완료하기

4 방송 예약이 완료되면 [완료] 버튼을 누릅니다.

TIP 스마트폰을 이용하여 유튜브에서 모바일 라이브 방송을 하기 위해서는 특수한 조건이 있습니다. 구독자 1,000명을 달성해야 한다는 것입니다. 2017년 4월 5일 이전에는 10,000명의 구독자를 가진 유튜버만 모바일 라이브 방송이 가능하였으나, 구독자 1,000명으로 기준이 완화되었습니다.

알아두기

기기별 실시간 방송의 장점

스마트폰을 이용하여 장소에 상관없이 실시간 방송을 하거나 웹캠이 있는 노트북 또는 PC에서 실시간 방송을 진행할 때 다음과 같은 장점이 있습니다.

	모바일	웹캠	PC
장비	스마트 기기	웹캠이 설치된 노트북	웹캠이 설치된 컴퓨터
장점	이동 가능한 실시간 방송	비교적 이동 가능한 방송	미리 방송 제작 후 예약
형식	빠르고 간단한 제작	빠르고 간단한 제작	정교하고 다소 복잡한 제작
난이도	낮음	낮음	보통/높음

11 > 프로그램 방송이 가능한 곰캠 살펴보기

곰캠은 PC 화면에 보이는 모든 것을 그대로 녹화할 수 있는 프로그램입니다. PC 화면은 물론 사운드 까지 모두 녹화되며, 게임이나 웹캠, 다양한 프로그램 사용법을 녹화하여 유튜브에 동영상으로 올릴 수 있습니다.

곰캠 메인 화면

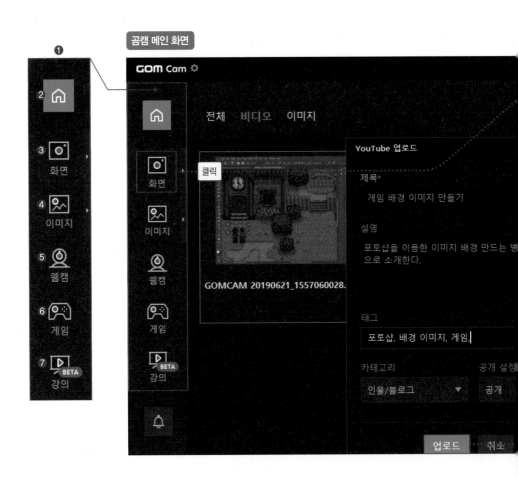

모니터 캡처 화면

드래그

▲ PC 화면에 표시된 영역을 드래그하여 녹화될 영역을 지정합니다.

❶ **탑바 영역** : 프로그램 환경을 설정하거나 라이선스 정보 등을 확인할 수 있습니다.

❷ **홈** : 주 화면이 표시됩니다.

❸ **화면** : PC 화면에 영역을 지정한 다음 해당 영역에 표시된 화면을 녹화합니다.

❹ **이미지** : PC 화면에 영역을 지정한 다음 표시된 화면을 이미지로 저장하거나 GIF 애니메이션 파일로 저장합니다.

❺ **웹캠** : 웹캠 장치를 통해 보이는 영상을 녹화합니다.

❻ **게임** : 게임 화면을 그대로 녹화할 수 있습니다.

❼ **강의** : 파워포인트 문서로 만든 자료를 영상으로 녹화합니다.

❽ **파일 목록** : 녹화 또는 캡처한 파일을 목록 형태로 보여줍니다.

❾ **작업 내역** : 예약 녹화를 설정하거나 업로드 등의 내역을 확인합니다.

❿ **태그 검색** : 파일 목록에서 태그를 검색합니다.

12 > 영상 캡처를 위해 곰캠 설치하기

동영상 녹화 프로그램인 곰캠은 모니터에서 작업하는 영상이나 게임, PC에서 재생되는 사운드까지 녹화하여 영상으로 만들 수 있는 장점이 있습니다. 여기서는 영상 캡처를 위한 곰캠을 설치해 보겠습니다.

(01) 곰캠 설치하기

🗸 곰캠 검색하기

1 구글 사이트(www.google.com)에서 검색창에 '곰캠'을 입력한 다음 검색하여 곰캠 다운로드 링크를 누릅니다.

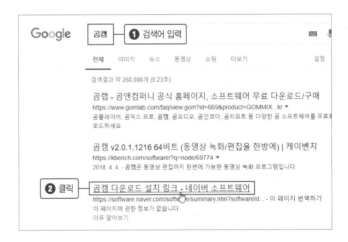

🗸 곰캠 다운로드하기

2 곰캠 다운로드 사이트가 표시되면 [무료 다운로드] 버튼을 누릅니다. 설치 파일이 다운로드되면 더블클릭하여 곰캠을 설치합니다.

유튜브 처음 시작하기

유튜브 핵심 기능 배우기

영상 업로드와 수정하기

내 채널 관리하기

영상 편집하기

채널 요소 만들기

유튜브로 수익 내기

설치 시작하기

3 곰캠 설치 마법사가 표시되면 시작 화면에서 계속 진행하기 위해 [다음] 버튼을 누릅니다.

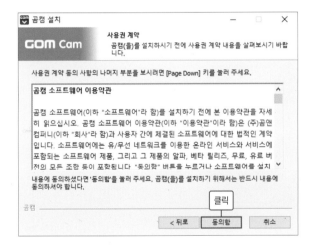

약관 동의하기

4 곰캠 소프트웨어 이용 약관 화면이 표시되면 이용 약관에 동의하기 위해 [동의함] 버튼을 누릅니다.

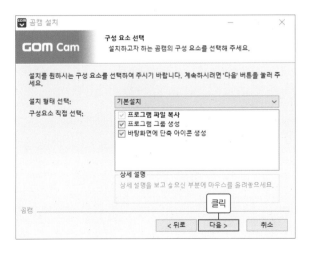

구성 요소 선택하기

5 구성 요소 선택 화면이 표시되면 곰캠을 기본 설치하기 위해 [다음] 버튼을 누릅니다.

설치 경로 설정하기

6 설치 위치 선택 화면이 표시되면 경로를 확인한 다음 [설치] 버튼을 누릅니다.

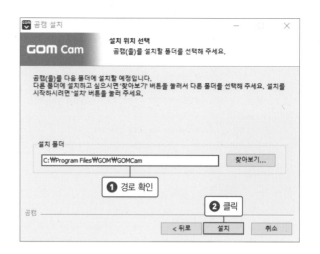

설치 마치기

7 설치를 완료하면 [마침] 버튼을 누릅니다.

곰캠 실행하기

8 곰캠이 실행되면 [둘러보기] 버튼을 눌러 프로그램을 실행하기 위한 필수 기능을 학습합니다. 여기서는 [닫기(X)] 아이콘을 누릅니다.

13 > 모니터 화면 영상을 유튜브에 올리기

유튜브의 프로그램을 설명하거나 게임을 소개하는 영상에서 PC 화면을 그대로 영상으로 캡처하는 방법을 영상 캡처라고 합니다. 여기서는 포토샵으로 색상을 보정하는 과정을 학습 영상으로 만들어 보겠습니다.

01 영상 화면 저장하기

🖉 영역 지정하기

1 영상을 캡처하려는 포토샵을 실행한 다음 곰캠을 실행합니다. [화면] 아이콘을 누른 다음 팝업 메뉴에서 [마우스로 영역 지정]을 선택합니다.

🖉 드래그하여 영역 지정하기

2 화면에서 캡처할 부분을 드래그하여 지정합니다. 프로그램 외곽의 왼쪽 상단을 누른 다음 오른쪽 하단으로 드래그해 영역을 지정합니다.

🖑 눌러 영역 지정하기

3 직접 드래그하지 않고, 프로그램 상단을 누르면 자동으로 프로그램 영역만 선택 영역으로 지정됩니다.

🖑 영상 캡처하기

4 [녹화] 아이콘을 누르면 포토샵 프로그램에서의 동작이 영상으로 캡처됩니다.

🖑 영상 저장하기

5 포토샵에서 마우스 포인터를 이동하여 도구를 선택하고, 다양한 명령을 실행합니다. 작업이 끝나면 [정지] 아이콘을 누른 다음 캡처한 동영상을 저장하기 위해 [닫기(X)] 아이콘을 누릅니다.

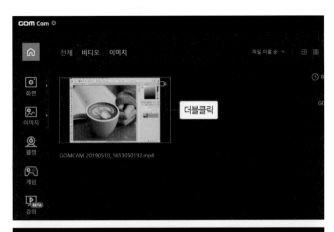

영상 재생하기

6 그림과 같이 영상 파일로 저장된 것을 확인할 수 있습니다. 영상 파일을 더블클릭하면 포토샵 작업 과정 영상이 재생됩니다.

02 유튜브에 업로드하기

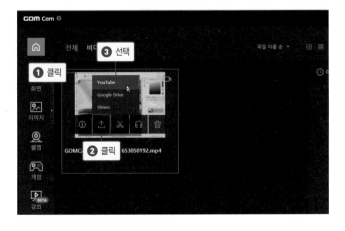

유튜브 선택하기

1 영상을 유튜브에 올리기 위해 영상 파일을 누른 다음 팝업 메뉴에서 [업로드] 아이콘을 누릅니다. 팝업 메뉴에서 [YouTube]를 선택합니다.

계정으로 로그인하기

🔷 계정으로 로그인하기

2 Google 계정으로 로그인
화면이 표시되면 구글 아이
디와 패스워드를 입력합니다.

3 계정을 선택합니다.

🔷 업로드 사항 확인하기

4 유튜브로 업로드할 때 알아
두어야 할 사항이 표시되면
[Allow] 버튼을 누릅니다.

제목과 설명 입력하기

5 [YouTube 업로드] 대화상자가 표시되면 제목에 영상 제목을 입력한 다음 영상 설명을 입력합니다.
카테고리를 선택하고 [업로드] 버튼을 누릅니다.

내 채널 확인하기

6 영상을 확인하기 위해 유튜브에서 [내 계정] 아이콘을 누릅니다.

영상 확인하기

7 채널에 모니터 화면을 캡처한 영상이 업로드된 것을 확인할 수 있습니다. 영상을 누릅니다.

영상 품질 설정하기

8 영상이 재생됩니다. 모니터 화면을 캡처한 영상은 [설정] 아이콘을 누른 다음 영상 품질을 높은 단계로 선택하여 감상합니다.

> 아프리카TV 방송하기

아프리카TV는 인터넷 개인 방송 서비스로 별도의 장비나 비용 없이 누구나 쉽게
PC나 모바일 기기로 생방송을 할 수 있는 1인 미디어입니다. 여기서는 아프리카
TV에서 방송하는 방법을 알아봅니다.

01 아프리카TV 가입하기

🐾 아프리카TV 검색하기

1 구글 사이트(www.google.
com)로 이동하고 검색창에
'아프리카TV'를 입력한 다음눌
러 아프리카TV 사이트로 이동합
니다.

🐾 로그인하기

2 아프리카TV 사이트에서 로
그인하기 위해 [로그인] 버
튼을 누릅니다.

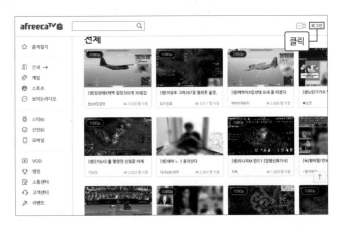

회원 가입하기

3 회원이 아닌 경우에는 먼저 회원 가입을 해야 합니다. 회원 가입을 위해 화면 하단의 [회원가입하기]를 누릅니다.

이용 약관 동의하기

4 이용 약관과 개인 정보 수집 및 처리 위탁, 개인정보 제3자 제공에 모두 동의한 다음 [동의] 버튼을 누릅니다.

가입 완료하기

5 아이디와 비밀번호, 이름과 생년월일, 성별 등을 입력한 다음 [다음] 버튼을 눌러 회원 가입을 완료합니다.

02 아프리카TV 패키지 설치하기

✎ 방송 설정하기

1 로그인 후 아프리카TV 화면 상단의 [방송] 아이콘을 누릅니다.

✎ 방송 방식 선택하기

2 기존 방식으로 방송하기 위해 [기존 방송하기] 버튼을 누릅니다.

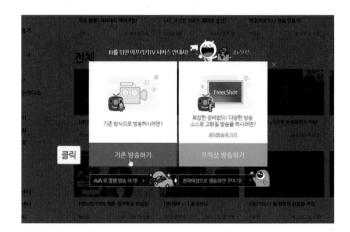

✎ 패키지 설치하기

3 [아프리카TV 설치] 대화상자가 표시되면 아프리카TV 패키지 설치를 위해 [다음] 버튼을 누릅니다.

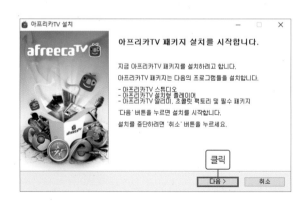

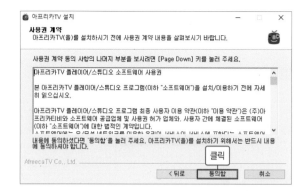

사용권 계약 동의하기

4 아프리카TV 플레이어와 스튜디오 사용권 계약을 위해 [동의함] 버튼을 누릅니다.

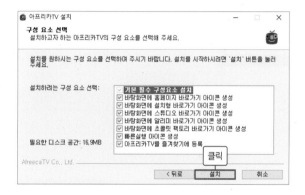

구성 요소 선택하기

5 설치하려는 구성 요소 선택 화면이 표시되면 기본값으로 구성하기 위해 [설치] 버튼을 누릅니다.

설치 완료하기

6 아프리카TV 스튜디오, 설치형 플레이어가 설치되면 [마침] 버튼을 누릅니다.

로그인하기

7 아프리카TV 로그인 화면이 표시되면 회원 가입 시 설정한 아이디와 패스워드를 입력하고 [로그인] 버튼을 누릅니다.

03 실시간 방송하기

◈ 방송 테마 선택하기

1 스튜디오 화면이 표시됩니
다. 먼저 오른쪽에 위치한
[방송 정보] 탭의 방송 테마 항목
에서 방송에 맞는 테마를 선택합
니다.

◈ 방송 주제 선택하기

2 [방송 테마 선택하기] 대화
상자가 표시되면 방송하려
는 주제를 선택합니다. [토크/캠
방]을 선택한 다음 [확인] 버튼을
누릅니다.

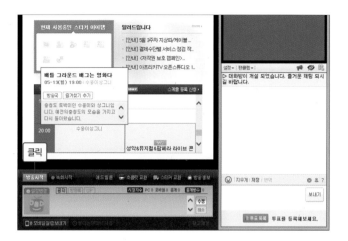

방송 시작하기

3 화면 하단의 [방송시작] 버튼을 누릅니다.

녹화 시작하기

4 미리보기 창에 '현재 방송 대기중입니다.' 문구가 나타나면 방송 준비가 완료된 상태이므로 [녹화시작] 버튼을 누릅니다.

5 실시간 방송이 시작됩니다.

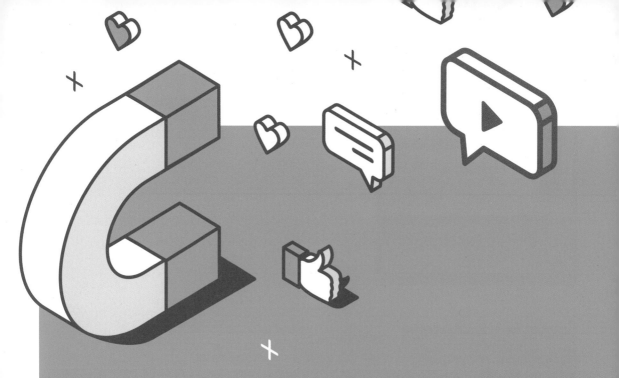

YouTube

PART 05

어서 와! 영상 편집은
처음이지?

영상 편집은 처음이지만, 초보 티를 내지 않고 멋진 영상 편집을 하고 싶다면 이 파트를 학습해 보세요.
무료 편집 프로그램을 이용하여 전문 영상 편집자 못지않게 쉽고 간편하게 영상 편집을 할 수 있습니다.
영상 편집부터 보정, 메이크업 영상까지 업그레이드된 유튜브 영상을 만들어 보세요.

01 > 영상 편집을 위한 곰믹스 프로그램 미리보기

무료 영상 편집 프로그램인 곰믹스는 누구나 쉽게 유튜브에 사용할 영상을 편집할 수 있도록 구성되어 있습니다. 영상을 자르고, 붙인 다음 텍스트로 자막 처리가 가능하며, 필요한 부분에 다양한 미디어 효과를 적용할 수 있습니다. 여기서는 곰믹스의 구성에 대해 알아봅니다.

01 곰믹스 인터페이스 살펴보기

❶ **미리보기 패널** : 불러들인 영상을 확인하면서 편집이 가능합니다. [재생] 및 [정지] 아이콘을 눌러 영상을 확인할 수 있습니다.

❷ **도구 패널** : 영상 편집에 필요한 선택과 자르기, 페이드 조정, 음량 조정 도구 등을 제공합니다.

❸ **타임라인 패널** : 미디어 영상과 오디오, 텍스트, 이미지 클립을 배치하고 편집할 수 있습니다.

❹ **미디어 소스 패널** : 작업 중인 소스와 불러들인 영상, 곰믹스에서 제공하는 미디어 샘플, 효과음 등이 위치해 있습니다.

❺ **텍스트/이미지 패널** : 영상에 직접 자막을 입력할 수 있는 입력창과 말풍선 또는 아이콘 이미지 등을 제공합니다.

❼ **오버레이 패널(프로용)** : 영상의 위치를 이동하는 애니메이션이나 특수 효과를 적용시키는 기능입니다.

❻ **템플릿 패널(프로용)** : 영상 프레임이나 애니메이션 효과를 제공하여 재미있는 영상을 제작할 수 있는 기능입니다.

❽ **필터 패널** : 영상에 필터를 적용하여 색상이나 밝기, 채도 등을 변경할 수 있으며, 원하는 스타일의 색감을 조정할 수 있습니다.

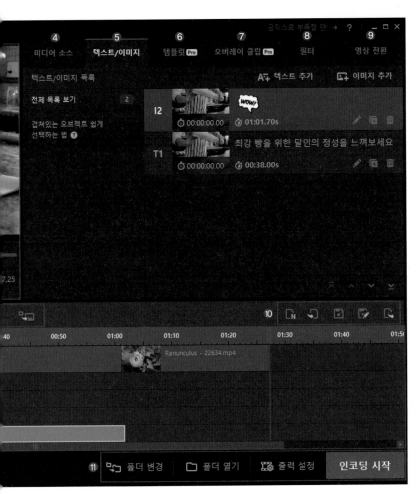

❾ **영상 전환 패널** : 영상이 다른 영상으로 장면이 변환될 때 다양한 전환 효과를 적용할 수 있습니다.

❿ **프로젝트 패널** : 새로운 프로젝트를 만들거나 저장 또는 내보낼 때 사용하는 패널로, *.grp 파일로 저장됩니다.

⓫ **파일 관리 패널** : 파일의 저장 폴더를 변경하거나 열기, 저장될 영상 파일의 코덱 설정 및 화면 크기, 인코딩 등의 기능을 제공합니다.

유튜브 처음 시작하기

유튜브 핵심 기능 배우기

영상 업로드와 수정하기

내 채널 관리하기

영상 편집하기

채널 요소 만들기

유튜브로 수익 내기

02 > 무료 영상 편집 프로그램 실행하기

유튜브에 올릴 동영상을 편집하기 위해서는 영상 편집 프로그램의 사용은 필수입니다. 여기서는 다양한 영상 편집 프로그램 중에서 무료 영상 편집 프로그램인 곰믹스를 다운로드해 설치하는 과정을 알아봅니다.

01 곰믹스 프로그램 설치하기

✐ 곰믹스 검색하기

1 웹 브라우저를 실행한 다음 구글 사이트(www.google.com)로 이동하고 검색창에 '곰믹스'를 입력합니다.

✐ 네이버 소프트웨어 사이트로 이동하기

2 검색 결과에서 '곰믹스 다운로드 받기'를 선택해 네이버 소프트웨어 사이트로 이동합니다.

유튜브 처음 시작하기

유튜브 핵심 기능 배우기

영상 업로드와 수정하기

내 채널 편집하기

영상 편집하기

채널 요소 만들기

유튜브로 수익 내기

다운로드하기

3 곰믹스 다운로드 화면이 표시됩니다. [무료 다운로드] 버튼을 누릅니다. 사용 범위와 지원하는 운영체제를 확인한 다음 다운로드를 진행합니다.

프로그램 설치 시작하기

4 설치 파일이 다운로드되면 웹 브라우저 하단의 설치 파일 오른쪽 [팝업(∨)] 아이콘을 누른 다음 팝업 메뉴에서 [열기]를 선택합니다.

5 곰믹스 프로그램 설치가 시작됩니다. 계속 설치하기 위해 [다음] 버튼을 누릅니다.

이용약관과 구성 요소
　　선택하기

6 프로그램 이용약관이 표시
　　되면 내용을 읽고 [동의함]
버튼을 누릅니다.

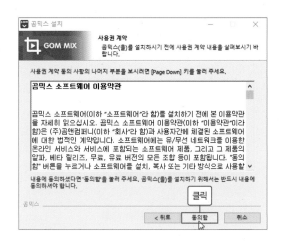

7 구성 요소를 선택하는 화면
　　이 표시되면 설치 형태를
직접 선택하고 [다음] 버튼을 누
릅니다. 지정한 경로에 프로그램
이 설치됩니다.

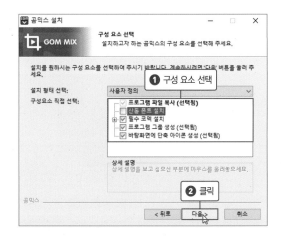

⊘ 곰믹스 실행하기

8 곰믹스 설치가 완료되면
　　PC 바탕화면의 [곰믹스]
프로그램 아이콘을 더블클릭하여
실행합니다.

유튜브 처음 시작하기

유튜브 촬영 기능 배우기

영상 업로드와 수정하기

내 채널 관리하기

영상 편집하기

채널 요소 만들기

유튜브로 수익 내기

03 > 이제부터 편집 시작! 촬영한 영상 불러오기

곰믹스로 촬영한 동영상을 불러오기 위해서는 폴더에 저장된 동영상을 곰믹스 타임라인 패널로 직접 드래그하여 불러오는 방법과 파일 추가 기능으로 파일을 검색하여 불러오는 두 가지 방법이 있습니다.

01 드래그 방식으로 영상 파일 불러오기

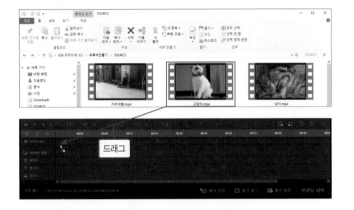

✎ 영상 파일을 드래그하여 불러오기

1 곰믹스를 실행한 다음 파일 탐색기의 동영상 파일이 저장된 폴더에서 불러들일 영상 파일을 선택한 다음 곰믹스의 타임라인 패널로 드래그합니다. 여기서는 [예제 소스] 폴더에서 '고양이.mp4' 파일을 선택합니다.

✎ 불러들인 영상 확인하기

2 드래그하여 불러들인 영상은 타임라인 패널에 영상 클립이 위치해 있으며, 미리보기 패널에 영상이 표시됩니다.

02 파일 추가 기능으로 영상 파일 불러오기

파일 추가 기능 선택하기

1 곰믹스로 추가 동영상 파일을 불러오기 위해 [파일 추가]를 누릅니다.

파일 선택하기

2 [열기] 대화상자가 표시되면 불러들일 동영상 파일을 선택한 다음 [열기] 버튼을 누릅니다. 여기서는 [예제 소스] 폴더에서 '푸들.mp4' 파일을 선택합니다.

파일 추가 항목 확인하기

3 파일 추가 항목에 추가된 영상 파일이 표시됩니다. 타임라인 패널에 클립 형태로 위치하지 않으며, 불러들인 순서대로 항목에 표시되었습니다.

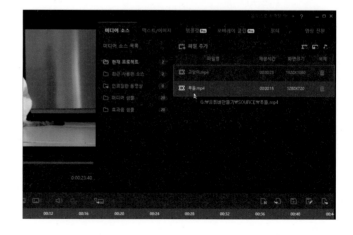

04 > 불러온 영상 소스 삭제하기

곰믹스로 불러온 영상 파일은 간단하게 삭제할 수 있습니다. 영상을 삭제하려면 파일 추가 항목에서 휴지통 기능을 이용하여 삭제하거나 영상 항목이 선택된 상태에서 Del 을 눌러 삭제합니다.

01 휴지통 기능 사용하기

◈ [휴지통] 아이콘 누르기

1 이전 실습을 이어서 진행합니다. 휴지통 기능으로 영상을 삭제해 보겠습니다. 파일 추가 항목의 '고양이.mp4' 파일을 선택한 다음 [휴지통] 아이콘을 누릅니다.

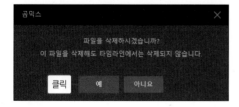

2 파일을 삭제할지 묻는 메시지 창이 표시되면 [예] 버튼을 누릅니다.

TIP 파일 추가 항목의 영상 파일을 삭제해도 타임라인 패널의 클립은 삭제되지 않습니다.

미디어 소스 패널은 마치 무대 주인공들이 대기하는 대기실과 같은 역할을 합니다. 필요할 때마다 소스 클립을 타임라인 패널로 드래그하여 영상을 편집합니다. 따라서 미디어 소스 패널에서 소스 클립을 삭제해도 영상에는 영향이 없습니다.

(02) Del 을 눌러 삭제하기

☞ Del 누르기

1 영상을 삭제하기 위해 파일 추가 항목의 '푸들.mp4' 파일을 선택하고 Del 을 누릅니다.

2 파일을 삭제할지 묻는 메시지 창이 표시되면 [예] 버튼을 누릅니다.

☞ 삭제된 영상 클립 확인하기

3 파일 추가 항목의 영상 파일 항목이 삭제되었습니다.

TIP 타임라인 패널의 클립을 삭제하기 위해서는 타임라인 패널에 위치한 클립을 선택한 다음 Del 을 누릅니다.

05 > 디테일을 원해? 클립을 확대하거나 축소하기

미디어 소스 클립을 타임라인 패널에 위치시키면 소스 클립이 너무 짧게 보이거나 길게 보여 편집이 어려워지기도 합니다. 편리하게 편집하기 위해 클립을 확대하거나 축소하는 방법에 대해 알아봅니다.

01 클립 길이를 확대, 축소하기

영상 클립 불러오기

1 [예제 소스] 폴더에서 '여행.mp4' 파일을 선택한 다음 타임라인 패널로 드래그합니다. 타임라인 패널에 영상 클립이 위치되고 10초 분량의 영상을 볼 수 있습니다.

클립 길이 확대하기

2 타임라인 패널의 [확대] 아이콘을 누를 때마다 영상 클립 길이가 확대되는 것을 확인할 수 있습니다. 영상의 재생 시간은 동일하게 10초로 변화는 없습니다.

클립 길이 축소하기

3 [축소] 아이콘을 누를 때마다 영상 길이가 축소됩니다.

06 > 불필요한 영상 부분 자르고 삭제하기

영상에서 불필요한 부분을 삭제할 때는 먼저 영상을 자릅니다. 자르려는 영상 클립에 시간 표시자를 위치한 다음 [자르기] 도구를 선택하면 영상 클립이 잘립니다. 잘린 영상은 삭제되어 불필요한 영상을 지울 수 있습니다.

01 영상 클립 확대하기

영상 클립 불러오기

1 [예제 소스] 폴더에서 '빵반죽.mp4' 파일을 선택한 다음 타임라인 패널로 드래그합니다. 타임라인 패널에 영상 클립이 위치합니다.

TIP 타임라인 패널의 눈금자를 보면 불러온 영상이 1분 가량의 재생 영상인 것을 확인할 수 있습니다.

영상 클립 확대하기

2 타임라인 패널에 위치한 영상 클립을 확대하기 위해 [확대] 아이콘을 누릅니다.

TIP 영상 클립의 길이가 확대되어 영상의 길이를 표시하는 눈금자를 더 자세하게 볼 수 있습니다.

02 원하는 길이로 영상 자르기

시간 표시자 위치시키기

1 1분 분량의 영상을 잘라서 30초 영상으로 만들기 위해 시간 표시자를 드래그하여 30초 위치로 이동합니다.

삭제하려는 영상 선택하기

2 도구 패널에서 [자르기] 도구를 선택하면 시간 표시자를 기준으로 영상 클립이 잘립니다. 오른쪽의 후반부 영상을 삭제하기 위해 오른쪽 영상 클립을 선택합니다.

Del을 눌러 영상 삭제하기

3 오른쪽 영상 클립이 선택된 상태에서 Del을 누르면 그림과 같이 타임라인 패널에서 잘린 영상 클립이 삭제됩니다.

07 > 영상을 자르지 않고 필요한 영상만 선택하기

전체 영상에서 필요한 영상만 추출할 경우에는 선택 영역 기능을 이용하면 영상 선택이 가능합니다. 자르기 도구를 이용하여 영상을 자르지 않아도 정확하게 영상을 보면서 필요한 영상만 구성할 수 있습니다. 여기서는 4개의 장면으로 구성된 영상에서 가운데 2번과 3번 영상만 추출해 보겠습니다.

01 선택 영역 지정하기

⌖ 영상 클립 불러오기

1 [예제 소스] 폴더에서 '스쿠버다이빙.mp4' 파일을 선택한 다음 타임라인 패널로 드래그합니다. 타임라인 패널에 영상 클립이 위치합니다.

필요한 영상만 선택 영역으로 지정하기 위해 도구 패널에서 [영역 선택하기] 도구를 선택합니다.

⌖ 왼쪽 선택 표시자 위치하기

2 영상 클립의 양쪽 끝부분에 선택 표시자가 나타납니다. 먼저 왼쪽 선택 표시자를 오른쪽으로 드래그하면서 필요한 영상이 표시되면 선택 표시자를 위치시킵니다.

3 오른쪽 선택 표시자를 왼쪽
으로 드래그하면서 필요한
영상이 표시되면 선택 표시자를
위치시킵니다.

02 선택 영역 유지하기

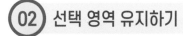

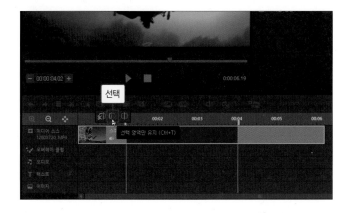

선택 영역만 남기기

1 도구 패널의 [선택 영역 제
거], [선택 영역만 유지],
[분할] 도구 중에서 선택 영역만
사용하기 위해 [선택 영역만 유
지] 도구를 선택합니다.

영상 확인하기

2 선택 영역으로 지정된 부분
만 남고, 선택 영역 이외의
영상은 삭제되었습니다.

08 > 자연스럽게 서로 다른 영상 연결하기

서로 다른 영상을 하나의 영상으로 만들어 봅니다. 영상을 타임라인 트랙에 순서대로 위치시킨 다음 장면이 자연스럽게 바뀌도록 장면 전환 효과를 적용합니다. 영상 편집을 마치면 인코딩 과정을 진행해 하나의 동영상 파일로 저장합니다.

01 영상 클립 배치하기

✍ 앞쪽 영상 배치하기

1 [예제 소스] 폴더에서 '빵반죽1.mp4' 파일을 선택한 다음 타임라인 패널로 드래그합니다. 타임라인 패널에 영상 클립이 위치합니다.

✍ 뒤쪽 영상 배치하기

2 [예제 소스] 폴더에서 '샐러드2.mp4' 파일을 선택한 다음 타임라인 패널로 드래그합니다. '빵반죽1' 영상 클립 오른쪽에 '샐러드2' 영상 클립이 위치합니다.

유튜브 처음 시작하기

유튜브 촬영 기초 배우기

영상 업로드와 수정하기

내 채널 관리하기

영상 편집하기

채널 요소 만들기

유튜브로 수익 내기

02 영상 전환 기능 사용하기

사라지기 효과 적용하기

1 자연스럽게 영상이 전환되도록 영상 전환 패널을 선택한 다음 [사라지기] 효과를 선택하고 [적용] 버튼을 누릅니다.

TIP 사라지기 효과는 앞쪽 영상이 점차 사라지면서 뒤쪽 영상이 점차 나타나는 영상 전환 효과입니다.

영상 전환 효과 확인하기

2 미리보기 패널의 [재생] 아이콘을 눌러 영상을 확인합니다. 빵반죽 영상이 재생되면서 점차 사라지고, 샐러드 영상이 나타나는 것을 확인할 수 있습니다.

왼쪽으로 열기 효과 적용하기

3 장면 전환 효과는 변경이 가능합니다. [왼쪽으로 열기] 효과를 선택한 다음 [적용] 버튼을 누릅니다. 미리보기 패널의 [재생] 아이콘을 누르면 샐러드 영상이 왼쪽으로 나타나면서 영상이 전환되는 효과를 확인할 수 있습니다.

(03) 영상 저장하기

인코딩하기

1 영상 전환 효과가 적용된 영상 파일을 저장하기 위해 [인코딩 시작] 버튼을 누릅니다. [인코딩] 대화상자가 표시되면 파일 이름 설정에 영상 파일 이름을 입력한 다음 [인코딩 시작] 버튼을 누릅니다.

영상 확인하기

2 두 개의 영상이 하나로 저장되었습니다. 저장된 영상 파일을 더블클릭합니다.

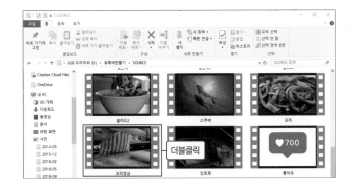

3 두 개의 영상이 연결된 동영상이 재생됩니다.

유튜브 처음 시작하기

유튜브 확산 기능 배우기

영상 업로드와 수정하기

내 채널 관리하기

영상 편집하기

채널 요소 만들기

유튜브로 수익 내기

09 > 내가 원하는 품질로 영상 저장하기

영상의 사용 목적에 따라 영상의 크기나 품질을 조정할 수 있습니다. 여기서는 영상의 크기를 확대하고 고해상도 품질로 높여 보겠습니다. 이때 영상의 품질이 높을수록 인코딩 속도는 느려지고, 파일 크기는 커집니다.

01 화면 크기 조정하기

1 [예제 소스] 폴더에서 '푸들.mp4' 파일을 선택한 다음 타임라인 패널로 드래그합니다. 타임라인 패널에 영상 클립이 위치합니다.

🖑 화면 크기 늘리기

2 고품질 영상을 만들기 위해 [출력 설정]을 누릅니다. [출력 설정] 대화상자가 표시되면 [영상] 탭을 선택한 다음 화면 크기를 [1920×1080(Full HD)]로 선택합니다.

02 선명한 화질로 저장하기

🖉 화질 조정 후 인코딩하기

1 리사이즈 필터에서 [가장 선명한 화질(인코딩 속도 가장 느림)]을 선택하고 [확인] 버튼을 누릅니다.

2 [인코딩 시작] 버튼을 눌러 인코딩 과정을 진행합니다.

🖉 고해상도 영상 확인하기

3 파일이 저장되면 저장된 동영상 파일을 더블클릭하여 재생하면 고해상도 영상을 확인할 수 있습니다.

TIP 기본 출력 설정으로 되돌리기 위해서는 [출력 설정]을 누르고 [출력 설정] 대화상자에서 [초기화] 버튼을 누릅니다.

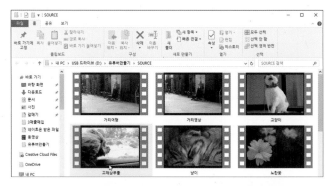

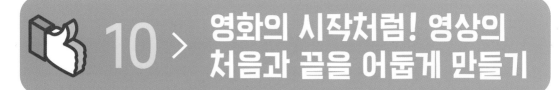

10 > 영화의 시작처럼! 영상의 처음과 끝을 어둡게 만들기

영상이 처음 재생될 때 어둡다가 점점 밝게 재생되는 효과를 페이드 인 효과, 다시 영상의 끝부분이 점점 어둡게 끝나는 효과를 페이드 아웃 효과라고 합니다. 여기서는 영화 타이틀처럼 페이드 인/아웃 효과를 적용하는 방법을 알아봅니다.

01 영화 타이틀 같은 페이드 인/아웃 효과 적용하기

🕮 영상 불러오기

1 [예제 소스] 폴더에서 '푸들.mp4' 파일을 선택한 다음 타임라인 패널로 드래그합니다. 타임라인 패널에 영상 클립이 위치합니다.

🕮 페이드 인/아웃 효과 적용하기

2 도구 패널에서 [영상 페이드 인] 도구를 선택한 다음 이어서 [영상 페이드 아웃] 도구를 선택합니다.

🕮 영상 확인하기

3 미리보기 패널의 [재생] 아이콘을 누르면 영상이 점점 밝게 재생되면서 끝부분에는 점점 어둡게 표현됩니다.

유튜브 처음 시작하기

유튜브 핵심 기능 배우기

영상 업로드와 수정하기

내 채널 관리하기

영상 편집하기

채널 요소 만들기

유튜브로 수익 내기

11 > 밝고 선명하게! 영상 색상 보정하기

촬영한 영상의 색상에 문제가 있다면 보정 과정을 거칩니다. 영상이 어두운 경우에는 밝게, 색상이 탁할 경우에는 깨끗하게, 색상이 약할 경우에는 색상 값을 추가하여 색상을 보정할 수 있습니다.

01 필터 채널 사용하기

✎ 앞쪽 영상 위치하기

1 [예제 소스] 폴더에서 '회전놀이.mp4' 파일을 선택한 다음 타임라인 패널로 드래그합니다. 타임라인 패널에 영상 클립이 위치합니다.

✎ 필터 채널 사용하기

2 색상이 탁한 영상을 볼 수 있습니다. 색상을 선명하게 보정하기 위해 필터 패널을 선택한 다음 [색상/채도/명도]를 선택합니다.

02 색상을 깨끗하게 보정하기

◈ 채도 높이기

채도 슬라이더를 조정하여 '80'으로 설정합니다. 영상의 색상이 깨끗하게 보정된 것을 확인할 수 있습니다.

03 영상 색상 변경하기

◈ 색상 변경하기

색상 슬라이더를 조정하여 '20'으로 설정하면 영상의 색감이 더욱 파랗게 변경된 것을 확인할 수 있습니다.

04 영상을 밝게 보정하기

◈ 명도 조정하기

명도 슬라이더를 조정하여 '5'로 설정해서 어두운 영상을 좀 더 밝게 보정합니다. [적용] 버튼을 눌러 영상 보정을 완성합니다.

12 > 빈티지 느낌처럼! 흑백 영상 만들기

컬러 영상을 흑백으로 변경하면 빈티지 효과를 표현할 수 있으며, 예술적인 느낌을 줄 때 많이 사용합니다. 여기서는 흑백 영상을 만든 다음 스크래치나 비네팅 효과를 추가로 적용해 보겠습니다.

01 흑백 영상 변환하기

✎ 영상 클립 위치하기

1 [예제 소스] 폴더에서 '거리
영상.mp4' 파일을 선택한
다음 타임라인 패널로 드래그합
니다. 타임라인 패널에 영상 클립
이 위치합니다.

✎ 옛날 사진 기능 적용하기

2 필터 패널을 선택하고 [옛
날 사진]을 선택합니다. 컬
러 영상이 흑백으로 변환됩니다.

(02) 텍스처/비네팅 효과 적용하기

🖋 스크래치 효과 적용하기

1 텍스처 기능을 이용하면 흑백 영상에 다양한 효과 적용이 가능합니다. 텍스처/비네팅에서 3번 효과를 선택합니다. 영상에 스크래치 효과가 적용됩니다.

🖋 비네팅 효과 적용하기

2 텍스처/비네팅에서 6번을 선택해 흑백 영상에 비네팅 효과를 적용합니다. 흑백 영상 주변에 어두운 그림자 효과가 적용되었습니다. [적용] 버튼을 눌러 흑백 영상을 완성합니다.

옛날 사진 필터를 사용하지 않아도 영상의 색상과 채도, 명도 조정이 가능합니다. 흑백 영상을 만들기 위해서는 색상 보정 항목의 [색상/채도/명도]를 선택한 다음 채도 값을 낮추면 원하는 톤의 흑백 영상을 제작할 수 있습니다.

13 > 예능 자막 안 부럽다! 영상에 자막 입력하기

영상에 자막을 넣으면 사운드를 켜지 않아도 영상을 쉽게 이해할 수 있습니다. 영상 위에 자막을 입력하기 때문에 잘 보이도록 텍스트 크기와 색상, 테두리 등을 적용해야 합니다.

01 자막 텍스트 입력하기

✎ 영상 클립 위치하기

1 [예제 소스] 폴더에서 '요리.mp4' 파일을 선택한 다음 타임라인 패널로 드래그합니다. 타임라인 패널에 영상 클립이 위치합니다.

✎ 자막 텍스트 추가하기

2 영상에 자막을 넣기 위해 텍스트/이미지 패널을 선택한 다음 [■ 텍스트 추가]를 누릅니다.

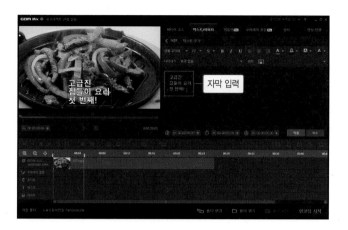

자막 입력하기

3 입력창이 표시되면 '고급진 집들이 요리 첫 번째!'를 한 줄씩 입력한 다음 Enter를 눌러 그림과 같이 줄바꿈합니다. 영상에 자막이 기본값으로 입력됩니다.

02 자막 크기와 폰트 변경하기

자막 텍스트 크기 수정하기

1 입력된 자막의 크기를 확대해 보겠습니다. 텍스트 크기 입력창에 '120'을 입력합니다. 그림과 같이 입력한 전체 자막의 크기가 커졌습니다.

폰트 지정하기

2 자막의 폰트를 변경해 보겠습니다. 여기서는 무료 폰트인 [Tmon몬소리OTF Black]을 선택합니다. 입력한 자막의 폰트가 변경되었습니다.

03 자막 색상 지정하기

자막 텍스트 색 변경하기

1 자막의 색상을 변경하기 위해 [텍스트 색] 아이콘을 누릅니다. 색상표가 표시되면 [노란색]을 선택하여 자막 전체를 노란색으로 변경합니다.

자막 블록 지정하기

2 자막의 색상은 블록으로 지정하여 변경할 수 있습니다. '집들이 요리' 부분을 드래그하여 블록으로 지정한 다음 [텍스트 색] 아이콘을 누릅니다.

부분 색상 변경하기

3 색상표가 표시되면 [주황색]을 선택하여 '집들이 요리' 자막 부분만 주황색으로 변경합니다. 변경이 완료되면 텍스트 입력창의 임의의 부분을 클릭해 블록을 해제합니다.

04 테두리 지정과 이동하기

테두리 두께 지정하기

1 영상 위의 자막이 잘 보이도록 자막에 테두리를 추가해 보겠습니다. [테두리 윤곽선 색] 아이콘을 누른 다음 [검은색]을 선택합니다.
[테두리 두께]를 선택한 다음 [30%]를 선택합니다. 텍스트 테두리가 굵게 조정되었습니다.

자막 이동하기

2 자막 위치를 이동해 보겠습니다. 마우스 포인터를 미리보기 패널의 자막 위에 위치시킨 다음 화면의 왼쪽으로 드래그합니다.

TIP 입력한 자막을 이동하기 위해 마우스 포인터를 자막 위에 위치시키면 커서의 모양이 십자(+) 형태로 변경됩니다.

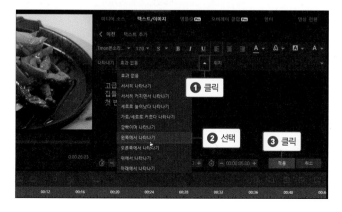

3 영상에 나타나는 자막의 표시 방법을 선택하기 위해 나타내기의 [팝업(▼)] 아이콘을 누르고 [왼쪽에서 나타나기]를 선택한 다음 [적용] 버튼을 누릅니다.

텍스트 클립의 길이 조정하기

1 타임라인 패널의 텍스트 트랙에 T2 클립이 만들어진 것을 확인할 수 있습니다. 영상이 재생될 때 자막을 4초까지 나타내기 위해 T2 클립의 오른쪽 끝부분을 드래그하여 눈금자의 00:04 위치로 드래그합니다.

결과물 확인하기

2 미리보기 패널의 [재생] 아이콘을 눌러 영상을 재생하면 자막이 화면 왼쪽에서 나타나면서 4초간 표시되는 것을 확인할 수 있습니다.

14 > 자막을 돋보이게! 반투명 글자판 만들기

영상 위의 텍스트를 돋보이게 하기 위해 텍스트 뒤에 배경 색 또는 이미지를 넣으면 영상의 간섭을 줄일 뿐만 아니라, 타이틀과 같은 느낌을 줄 수 있습니다. 여기서는 메이크업 분위기에 맞는 자막의 배경 이미지를 만들어 보겠습니다.

01 자막 텍스트 입력하기

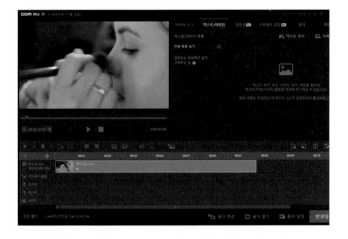

◈ 영상 위치하기

1 [예제 소스] 폴더에서 '메이크업.mp4' 파일을 선택한 다음 타임라인 패널로 드래그합니다. 타임라인 패널에 영상 클립이 위치합니다.

◈ 자막 입력하기

2 텍스트/이미지 패널을 선택한 다음 입력창이 표시되면 '뷰티&메이크업'을 입력합니다. 영상에 자막이 기본값으로 입력됩니다.

💮 폰트 선택하기

3 자막의 폰트를 변경해 보겠습니다. 여기서는 무료 폰트인 [나눔손글씨펜]을 선택합니다. 입력한 자막의 폰트가 변경되었습니다.

💮 색상과 테두리 지정하기

4 [텍스트 색] 아이콘을 눌러 색상표가 표시되면 [분홍색]을 선택하여 텍스트 색상을 지정합니다.
[테두리 윤곽선 색] 아이콘을 누르고 [흰색]을 선택합니다. [투명도]를 선택한 다음 [20%]를 선택합니다.

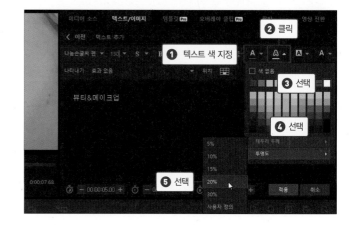

02 글자판 배경 채우기

1 [텍스트 배경 색] 아이콘을 누른 다음 [배경 채우기]를 선택합니다. [배경 채우기] 대화 상자가 표시되면 [이미지]를 선택하고, 유형에서 원하는 배경 이미지를 선택합니다.

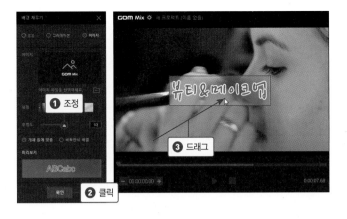

투명도 조정하기

2 텍스트 배경으로 이미지가 적용되면 투명도 슬라이더를 조정하여 '50'으로 설정해서 반투명하게 만들고 [확인] 버튼을 누릅니다. 미리보기 패널에서 만들어진 반투명 글자판을 가운데로 드래그하여 이동한 다음 [적용] 버튼을 누릅니다.

배경 클립 길이 조정하기

3 텍스트와 배경 이미지의 재생 길이를 영상 클립과 맞추기 위해 텍스트 클립의 오른쪽 끝부분을 드래그하여 클립의 길이를 늘립니다.

영상 확인하기

4 미리보기 패널에서 [재생] 아이콘을 눌러 영상을 확인하면, 반투명한 배경 위에 자막 텍스트가 표시되는 것을 확인할 수 있습니다.

유튜브 처음 시작하기

유튜브 핵심 기능 배우기

영상 업로드와 수정하기

내 채널 관리하기

영상 편집하기

채널 요소 만들기

유튜브로 수익 내기

15 > 분위기가 왜 그래? 영상에 배경 음악 삽입하기

영상에 배경 음악을 넣으면 영상 분위기를 돋보이게 할 수 있으며, 완성도 있는 영상을 만들 수 있습니다. 여기서는 영상 길이에 맞게 오디오 클립을 자르는 방법과 자연스럽게 배경 음악이 재생되도록 음량을 점점 크게 만드는 페이드 인 효과를 적용해 보겠습니다.

01 오디오 클립 위치하기

◈ 영상 위치하기

1 [예제 소스] 폴더에서 '비보이.mp4' 파일을 선택한 다음 타임라인 패널로 드래그합니다. 타임라인 패널에 영상 클립이 위치합니다.

◈ 오디오 트랙 위치시키기

2 [예제 소스] 폴더에서 '뮤직음.wav' 파일을 선택하고 오디오 트랙으로 드래그합니다. 타임라인 패널의 오디오 트랙에 오디오 클립이 위치되면 영상 클립보다 긴 것을 확인할 수 있습니다.

영상의 길이 확인하기

3 오디오 클립의 길이를 영상 길이와 동일하게 맞추겠습니다. 먼저 영상의 길이를 확인하기 위해 시간 표시자를 영상 클립의 끝부분으로 드래그합니다. 영상의 길이가 0:00:05.86인 것을 확인할 수 있습니다.

02 오디오 편집기 사용하기

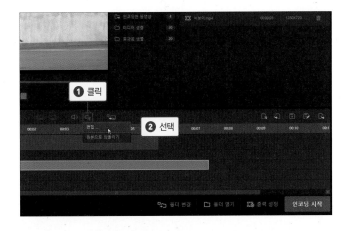

오디오 편집기 표시하기

1 오디오 클립을 선택한 상태에서 도구 패널의 [선택된 오디오 편집] 도구를 선택하고 팝업 메뉴의 [편집]을 선택합니다.

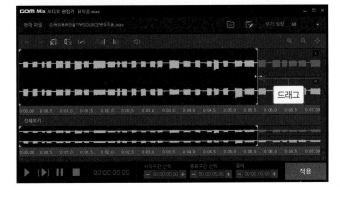

오디오 클립 길이 조정하기

2 [오디오 편집기] 창이 표시되면 오른쪽 표시자를 드래그하여 영상 클립의 길이인 0:00:05.86까지 드래그합니다. 이때 하단의 종료 구간 선택 창을 확인하면서 드래그합니다.

TIP 하단의 종료 구간 선택을 직접 눌러 클립의 길이를 입력할 수도 있습니다.

✐ 선택 영역만 유지하기

3 선택 영역이 지정되면 지정된 부분만 남기고, 나머지 영역은 삭제되도록 [선택 영역만 유지] 아이콘을 누릅니다.

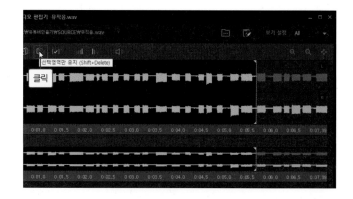

---

(03) 페이드 인 효과 적용하기

✐ 페이드 인 효과 적용하기

1 선택 영역 부분만 오디오 트랙이 남겨집니다. 처음 배경 음악이 들릴 때 작게 들리다가 점점 크게 들리는 페이드 인 효과를 적용하기 위해 [페이드 인] 아이콘을 누릅니다.

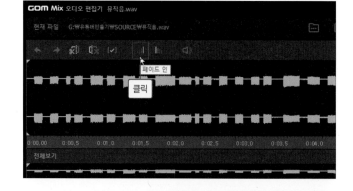

2 [페이드 인] 대화상자가 표시되면 왼쪽 상단의 앵커점을 오른쪽으로 드래그하여 페이드 인 효과를 그림과 같이 조정한 다음 [적용] 버튼을 누릅니다.

TIP 앵커점을 왼쪽으로 드래그할수록 배경 음악의 음량이 빠르게 커집니다.

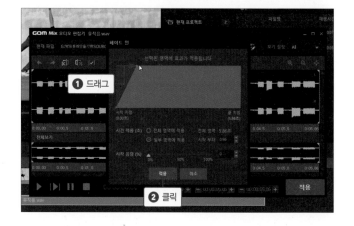

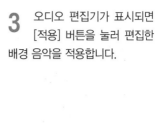

오디오 효과 적용하기

3 오디오 편집기가 표시되면 [적용] 버튼을 눌러 편집한 배경 음악을 적용합니다.

04 음량 조절하기

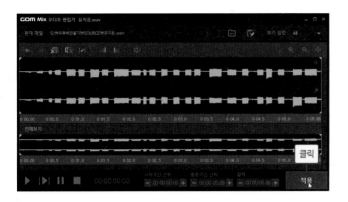

불필요한 사운드 줄이기

1 미리보기 패널의 [재생] 아이콘을 누르면 점점 배경 음악이 커지면서 영상과 함께 재생됩니다. 영상 클립의 현장 소음이 크게 들리므로 [음량 조절] 아이콘을 누른 다음 슬라이더를 왼쪽으로 드래그하여 음량을 감소시킵니다.

TIP 영상 클립의 음량을 아예 들리지 않도록 조정도 가능합니다. [음량 조절] 아이콘을 누르고 음량을 '0'으로 조정하거나 영상 클립 왼쪽 하단에 위치한 [스피커] 아이콘을 클릭해 무음으로 지정할 수도 있습니다.

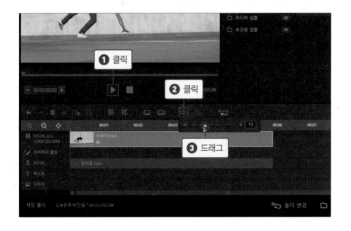

오디오 영상 확인하기

2 미리보기 패널의 [재생] 아이콘을 누르거나 [인코딩 시작] 버튼을 눌러 영상과 결합된 배경 음악을 확인합니다.

16 > 신의 한 수! 동영상에 효과음 넣기

영상에 맞는 효과음을 넣으면 영상의 재미를 더할 수 있습니다. 곰믹스에서 무료로 제공하는 효과음을 이용하여 영상에서 원하는 부분에 삽입할 수 있으며, 효과음의 재생 길이도 클립을 드래그하는 방식으로 조정이 가능합니다.

01 효과음 사용하기

✔ 영상 클립 위치하기

1 [예제 소스] 폴더의 'start. mp4' 파일을 선택한 다음 타임라인 패널로 드래그합니다. 타임라인 패널에 영상 클립이 위치합니다.

✔ 효과음 샘플 이용하기

2 미디어 소스 패널에서 [효과음 샘플]을 선택한 다음 효과음 항목이 나타나면 '개막식.mp3'를 선택하고 오디오 트랙으로 드래그합니다.

3 효과음 항목에서 '박수.mp3'를 선택하고 오디오 트랙으로 드래그합니다. 개막식 클립 오른쪽에 위치시킵니다.

4 다시 한 번 효과음 항목에서 '박수.mp3'를 선택하고 이번에는 오디오 트랙의 오른쪽 끝부분으로 드래그합니다.

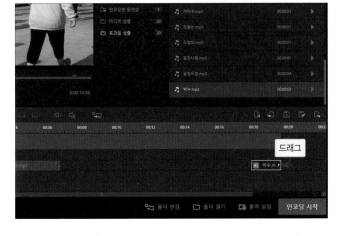

◈ 효과음 길이 조정하기

5 '박수' 클립의 길이를 조정하기 위해 클립 오른쪽 끝부분을 왼쪽으로 드래그합니다. 클립의 길이가 드래그한 만큼 짧게 줄어들어 효과음이 적용됩니다.

유튜브 처음 시작하기

유튜브 핵심 기능 배우기

영상 업로드와 수정하기

내 채널 관리하기

영상 편집하기

채널 요소 만들기

유튜브로 수익 내기

17 > 누가 만들어준 게 제일 좋아! 템플릿 영상 만들기

영상의 주제에 맞는 템플릿을 이용하면 간단하게 완성도 높은 영상을 만들 수 있습니다. 템플릿은 영상이 보이는 영역과 텍스트가 입력되는 영역, 이미지 프레임 영역으로 나뉩니다. 여기서는 결혼식을 주제로 프레임이 있는 영상을 만들어 봅니다.

01 템플릿 선택하기

✌ 영상 클립 위치하기

1 [예제 소스] 폴더에서 '웨딩.mp4' 파일을 선택하고 타임라인 패널로 드래그합니다. 타임라인 패널에 영상 클립이 위치합니다.

✌ 웨딩 템플릿 선택하기

2 템플릿 패널을 선택한 다음 [프레임]을 선택하고 [웨딩] 템플릿을 선택합니다. 웨딩을 주제로 디자인된 템플릿이 나타나면 [적용] 버튼을 누릅니다.

텍스트 입력하기

1 타임라인 패널의 텍스트 트 랙에 위치한 텍스트 클립을 더블클릭합니다. 텍스트 입력창 이 표시되면 '결혼식 순서 알아보 기'를 두 줄로 입력합니다.

텍스트 폰트, 크기 지정하기

2 폰트를 [나눔손글씨 펜], 폰 트 크기를 '100'으로 설정 한 다음 텍스트 색상을 [흰색]으 로 지정합니다.

부분 텍스트 색상 지정하기

3 '결혼식' 텍스트를 드래그 하여 블록으로 지정합니다. [텍스트 색상] 아이콘을 누른 다 음 [분홍색]을 선택합니다. 텍스 트 색상이 변경되었습니다.

텍스트 테두리 지정하기

4 텍스트 입력창 임의의 부분을 눌러 블록 선택을 해제합니다. [텍스트 윤곽선 색] 아이콘을 누른 다음 [검은색]을 선택합니다. [테두리 두께]를 선택한 다음 [20%]를 선택하고 [적용] 버튼을 누릅니다.

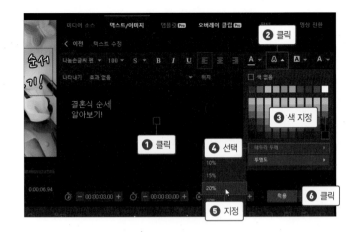

03 템플릿 길이 조정하기

템플릿 클립 길이 확인하기

1 미리보기 패널의 [재생] 아이콘을 누르면 템플릿 안의 영상이 재생되는 것을 확인할 수 있습니다. 텍스트와 템플릿 길이가 영상 클립보다 짧습니다.

템플릿 클립의 길이 늘리기

2 텍스트 트랙과 이미지 트랙에 위치한 클립의 끝부분을 오른쪽으로 드래그하여 영상 클립의 끝부분에 맞춥니다. 영상을 재생하면 영상이 끝날 때까지 템플릿 이미지와 텍스트가 유지되는 것을 확인할 수 있습니다.

18 > 포인트가 필요할 땐! 재미있는 말풍선 만들기

영상에 말풍선 모양이나 간단한 텍스트를 넣을 수 있습니다. 무료로 제공되는 기본 이미지 템플릿을 이용하여 영상에 맞는 이미지를 선별해서 넣는 방법을 알아봅니다.

01 이미지 추가하기

✎ 영상 클립 위치하기

1 [예제 소스] 폴더에서 'run. mp4' 파일을 선택한 다음 타임라인 패널로 드래그합니다. 타임라인 패널에 영상 클립이 위치합니다.

✎ 이미지 추가하기

2 텍스트/이미지 패널을 선택한 다음 [이미지 추가]를 누릅니다.

02 말풍선 이미지 편집하기

✎ 말풍선 선택하기

1 [기본 이미지]를 선택한 다음 'WOW01'을 선택합니다. 화면에 말풍선 이미지가 나타납니다. 말풍선 주변에는 이미지 크기를 조정하거나 회전시킬 수 있는 앵커점이 표시되어 있습니다.

✎ 말풍선 크기 조정하기

2 말풍선에 마우스 포인터를 위치시킨 다음 왼쪽으로 드래그하여 이동합니다. 앵커점을 드래그하여 말풍선 크기를 확대한 다음 [적용] 버튼을 누릅니다.

✎ 말풍선 이동하기

3 이미지 트랙에 말풍선 클립이 만들어졌습니다. 말풍선이 재생될 시간을 조정하기 위해 말풍선 클립의 끝부분을 오른쪽으로 드래그해 00:02초에 맞춥니다.

03 이미지 추가하기

✎ 추가 이미지 선택하기

1 이미지를 추가하기 위해 [기본 이미지]에서 [꿀잼]을 선택합니다. 앵커점을 드래그해 이미지 크기를 확대합니다.

✎ 이미지 클립의 길이 조정하기

2 이미지에서 앵커점의 가운데 상단 부분을 드래그하여 회전합니다. 타임라인 패널의 시간 표시자를 00:03초로 이동한 다음 [적용] 버튼을 누릅니다. 꿀잼 이미지 클립이 00:03초부터 시작해서 영상의 끝부분까지 적용됩니다.

✎ 영상 확인하기

3 [재생] 아이콘을 눌러 영상을 재생하면 말풍선과 텍스트 이미지가 순차적으로 표시되는 것을 확인할 수 있습니다.

19 > 움직임이 필요하다면! 애니메이션 효과 주기

영상과는 별도로 움직이는 애니메이션을 넣을 수 있습니다. 여기서는 영상을 장식하는 가랜드와 텍스트가 위에서 아래로 떨어지는 애니메이션을 추가해 보겠습니다.

01 애니메이션 선택하기

✋ 영상 위치하기

1 [예제 소스] 폴더에서 '먹방.mp4' 파일을 선택하고 타임라인 패널로 드래그합니다. 타임라인 패널에 영상 클립이 위치합니다.

✋ 파티 애니메이션 선택하기

2 템플릿 패널을 선택한 다음 [애니메이션]을 선택하고 [파티 배경]을 선택합니다. 파티 장식에 사용하는 가랜드가 위에서 아래로 내려오는 애니메이션입니다. [적용] 버튼을 누릅니다.

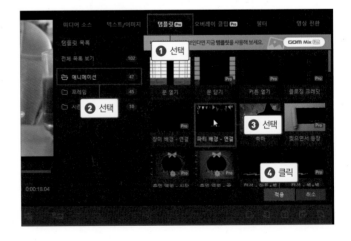

유튜브 처음 시작하기

유튜브 핵심 기능 배우기

영상 업로드와 수정하기

내 채널 관리하기

영상 편집하기

채널 요소 만들기

유튜브로 수익 내기

⌘ 클립 위치 확인하기

3 애니메이션 템플릿을 선택하면 오버레이 클립 트랙에 애니메이션 클립이 위치하고 텍스트 트랙에 텍스트 클립이 위치합니다.

02 애니메이션 클립의 길이 조정하기

⌘ 오버레이 클립 길이 조정하기

1 먼저 오버레이 클립 트랙의 애니메이션 클립의 끝부분을 오른쪽으로 드래그하여 영상 클립의 길이와 동일하게 조정합니다.

TIP 영상이 재생될 동안 애니메이션도 함께 표시하기 위해 클립의 길이를 동일하게 맞춥니다.

⌘ 애니메이션 확인하기

2 미리보기 패널의 [재생] 아이콘을 누르면 가랜드가 아래로 움직이는 애니메이션이 동영상이 재생되는 동안 함께 나타납니다.

텍스트 지정하기

1 텍스트를 입력하기 위해 텍스트 클립을 더블클릭하여 텍스트 입력창을 표시합니다. '혜리의 먹방모음!'을 입력한 다음 무료 폰트인 [Tmon몬소리OTF Black]을 선택하고 폰트 크기를 '130'으로 지정합니다.

강조 텍스트 만들기

2 텍스트 입력창에서 '먹방' 부분만 드래그하여 블록으로 지정한 다음 [텍스트 색] 아이콘을 누르고 [주황색]을 선택합니다.

TIP 중요한 키워드는 색상이나 텍스트 크기를 조정하여 강조하는 것이 좋습니다.

텍스트를 위에서 나타내기

3 입력한 텍스트는 가랜드 애니메이션처럼 위에서 나타나도록 지정하겠습니다. 나타나기에서 [위에서 나타나기]를 선택한 다음 [적용] 버튼을 누릅니다.

유튜브 처음 시작하기
유튜브 핵심 기능 배우기
영상 업로드와 수정하기
내 채널 관리하기
영상 편집하기
채널 요소 만들기
유튜브로 수익 내기

⬧ 텍스트 재생 시간 조정하기

4 텍스트 트랙의 텍스트 클립 끝부분을 오른쪽으로 드래그하여 재생 시간을 원하는 대로 조정합니다. 여기서는 8초 분량으로 늘려 완성합니다.

⬧ 영상 확인하기

5 [재생] 아이콘을 눌러 영상을 확인하면 가랜드가 텍스트와 함께 내려오는 애니메이션 영상을 확인할 수 있습니다.

20 > 세로로 촬영한 영상을 가로 방향으로 회전하기

스마트폰으로 영상을 촬영할 때 간혹 세로로 촬영되어 편집할 수 없는 경우가 발생하기도 합니다. 이때 영상을 회전하거나 대칭시켜 원하는 방향으로 회전할 수 있습니다. 여기서는 세로로 촬영된 영상을 가로로 회전해 보겠습니다.

01 영상의 방향 전환하기

✎ 파일 불러오기

1 [예제 소스] 폴더에서 세로로 촬영한 영상 파일인 '세로영상.mp4' 파일을 선택하고 타임라인 패널로 드래그합니다.

TIP 영상을 회전하는 기능 옵션은 기본 및 90°, 180°, 270°입니다. 이외에 임의의 각도로 회전하려면 유료 버전을 설치해야 합니다.

비디오 조정 실행하기

2 도구 패널의 [비디오 조정] 도구를 선택하여 비디오 조정 패널을 표시합니다.

시계 방향으로 회전하기

3 회전(시계 방향) 항목에서 [기본]을 선택하면 전체 영상이 시계 방향으로 회전되어 가로 방향의 영상으로 변경된 것을 확인할 수 있습니다.

대칭시키기

4 영상을 대칭으로 회전시키려면 반전 항목에서 [좌우]에 체크 표시합니다. 영상이 좌우 대칭으로 회전되는 것을 확인할 수 있습니다. [적용] 버튼을 눌러 영상을 회전합니다.

인코딩하기

5 영상을 인코딩하기 위해 [인코딩 시작] 버튼을 눌러 회전된 영상을 제작합니다.

유튜브 처음 시작하기

유튜브 영상 기초 배우기

영상 업로드와 수정하기

내 채널 관리하기

영상 편집하기

채널 요소 만들기

유튜브로 수익 내기

영화관 화면처럼! 원하는 비율로 영상 화면 자르기

촬영한 영상을 원하는 비율로 만들거나 피사체를 확대하기 위해 영상을 자르기도 합니다. 화면 크롭 기능을 이용하여 원하는 비율로 영상을 자르는 방법에 대해 알아봅니다.

01 영상의 방향 전환하기

영상 클립 위치하기

1 [예제 소스] 폴더에서 '고양이2.mp4' 파일을 선택하고 타임라인 패널로 드래그합니다.

TIP 영상을 임의의 비율로 자르려면 곰랩(www.gomlab.com/download) 사이트에서 곰믹스 프로 버전을 다운로드해야 하며, 무료 버전에는 영상에 워터마크가 표시됩니다.

4:3 비율로 설정하기

2 도구 패널에서 [화면 크롭] 도구를 선택하여 크롭 설정 패널을 표시합니다. 화면 비율을 [4:3]으로 선택합니다.

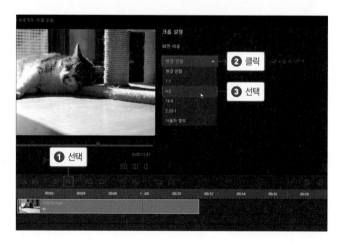

자유 비율 조정하기

3 영상의 가로세로 비율이 4:3으로 조정된 것을 확인할 수 있습니다. 모서리 조절점을 드래그하면 조정된 비율대로 확대나 축소할 수 있습니다. [비율 유지하기]의 체크 표시를 해제합니다.

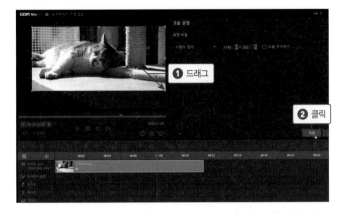

화면 비율 적용하기

4 모서리 조절점을 드래그하면 드래그하는 방향대로 자유자재로 이동할 수도 있습니다. 영화 화면처럼 가로로 길게 드래그하고 [적용] 버튼을 누릅니다.

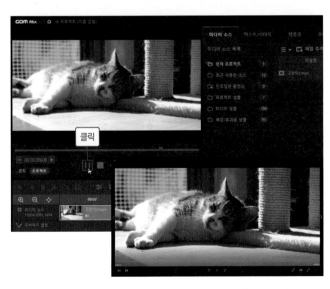

영상 확인하기

5 [재생] 아이콘을 눌러 영상을 확인합니다.
그림과 같이 가로 비율이 긴 영상이 재생되는 것을 확인할 수 있습니다.

유튜브 처음 시작하기

유튜브 핵심 기능 배우기

영상 업로드와 수정하기

내 채널 관리하기

영상 편집하기

채널 요소 만들기

유튜브로 수익 내기

영상 속 얼굴 보정의 필수, 스노우 앱 미리보기

스노우 앱은 스노우에서 만든 카메라 앱으로, 간단한 터치로 전문가급의 사진 보정이 가능합니다. 스냅 사진뿐만 아니라, 동영상까지 실시간으로 인물 보정이나 메이크업, 재미있는 스티커 등을 적용할 수 있어서 유튜브 촬영 시 유용하게 사용할 수 있습니다.

01 스노우 앱 화면 살펴보기

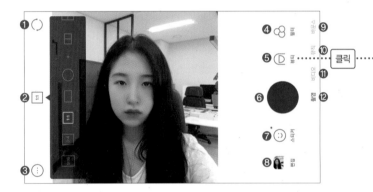

❶ 카메라 전환 : 스마트폰의 앞쪽 카메라와 뒤쪽 카메라의 사용을 전환합니다.

❷ 화면 비율 : 촬영히려는 화면의 비율을 지정합니다. 예를 들어, [9:16]은 세로가 9, 가로가 16인 화면 비율을 의미합니다.

❸ 설정 : 플래시 사용과 잡티 제거, 자동 저장 기능을 설정합니다.

❹ 필터 : 사진이나 영상의 전반적인 컬러를 연출하는 다양한 필터를 제공합니다.

❺ 뷰티 : 완성된 메이크업 스타일을 선택하여 전체적인 빠른 화장톤을 적용할 수 있습니다.

❻ 촬영 : 사진 촬영이나 비디오 영상 촬영, 배속을 조정할 수 있는 뮤직 촬영, 툭툭 끊기는 듯한 영상 촬영이 가능합니다.

❼ 스티커 : 이미지나 장식품을 인물 사진에 붙여 재미있게 연출합니다.

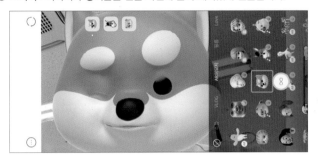

❽ 편집 : 기존에 촬영한 사진이나 동영상을 선택하여 보정합니다.

❾ 바운스 : 부분적으로 끊기는 듯한 영상을 촬영할 때 사용합니다.

❿ 뮤직 : 배경 음악 항목을 선택할 수 있으며, 음악을 선택하면 배경 음악이 재생되면서 영상을 녹화합니다.

⓫ 비디오 : 영상 촬영 모드로, MP4 영상 파일로 저장됩니다.

⓬ 촬영 : 사진 촬영 모드로, JPEG 이미지 파일로 저장됩니다.

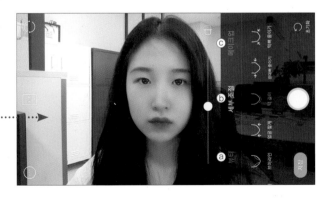

ⓐ 뷰티 : 완성된 메이크업 스타일을 선택하여 전체적인 빠른 화장톤을 적용할 수 있습니다.

ⓑ 세부 조절 : 눈, 코, 입, 피부, 이마 등 세부적으로 메이크업 스타일을 조절합니다.

ⓒ 메이크업 : 블러셔나 립스틱, 컬러렌즈, 아이섀도, 아이브로우 등 실제 메이크업 효과를 표현할 수 있습니다.

뷰티 영상을 위한
얼굴 영상 보정하기

사진은 포토샵을 이용하여 얼굴 보정이 가능하지만, 영상은 뷰티 앱을 다운로드하여 영상 속 얼굴 보정이 가능합니다. 유튜브에서 얼굴에 메이크업하기 힘든 경우 뷰티 앱을 이용하여 얼굴에 메이크업을 할 수 있습니다. 여기서는 스노우(Snow) 앱을 설치하여 얼굴을 보정해 봅니다.

01 영상 비율 조정하기

◎ 스노우 앱 실행하기

1 앱스토어(구글플레이 스토어)에서 검색창에 'snow'를 입력하고 검색된 스노우 앱을 설치합니다.

2 스마트폰에서 스노우 앱을 실행합니다. 그림과 같이 인물을 기준으로 화면이 구성됩니다. 영상의 기본은 가로 촬영이므로, 화면을 가로로 길게 표시합니다.

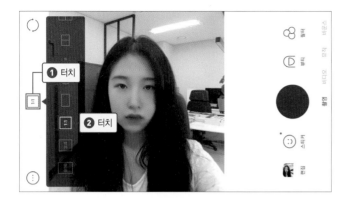

✐ 영상 비율 선택하기

3 먼저 영상 모드로 지정하기 위해 [비디오] 아이콘을 터치한 다음 영상 비율을 선택합니다. [1:1] 비율을 선택하면 가로, 세로 영상 비율이 동일하게 표시됩니다.

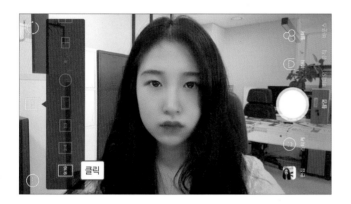

✐ 9:16 비율 선택하기

4 비율을 [9:16]으로 선택합니다. 영상이 가로 : 16, 세로 : 9 비율로 표시됩니다.

02 영상 색조 조정하기

✐ 필터 사용하기

1 영상의 색조를 밝고 화사하게 조정하기 위해 [필터] 아이콘을 터치합니다.

필터 선택하기

2 미리보기 필터가 표시되면 원하는 색채에 맞게 필터를 선택합니다.

톤업 필터 선택하기

3 얼굴에 맑고 하얗게 톤업된 효과를 주기 위해 [W1] 필터를 선택합니다.

03 메이크업 뷰티 지정하기

뷰티 기능 사용하기

1 인물의 얼굴 부분을 터치하여 메인 화면으로 이동합니다. 메이크업을 위해 [뷰티] 아이콘을 터치합니다.

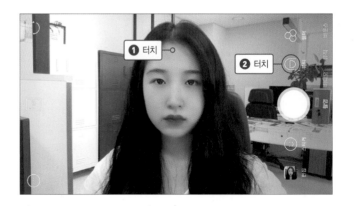

메이크업 스타일 선택하기

2 [뷰티]에서는 얼굴 전체를 스타일에 맞게 메이크업합니다. 원하는 스타일을 선택하여 전체적인 분위기를 전환할 수 있습니다.

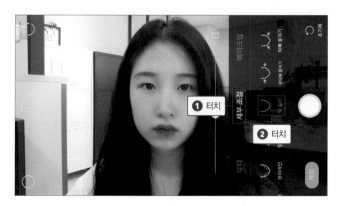

세부 조절하기

3 [세부 조절]에서는 턱 길이, 눈 크기 등 부위별로 메이크업할 수 있습니다. [세부 조절]을 터치한 다음 [턱 길이] 아이콘을 터치합니다.

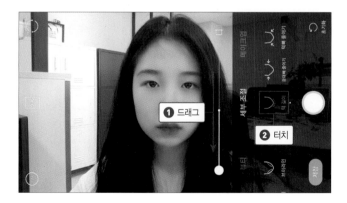

턱 선 조정하기

4 슬라이더를 드래그하여 값을 '−100'으로 설정하면 턱 길이가 짧아진 것을 확인할 수 있습니다. [메이크업]을 터치합니다.

블러셔 적용하기

5 [메이크업]에서는 블러셔나 아이라인, 컬러렌즈를 선택할 수 있습니다. [블러셔] 아이콘을 터치합니다.

6 [Edge3]을 선택해 두 볼에 블러셔 효과를 적용합니다.

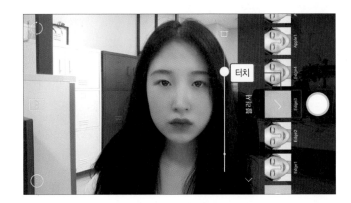

컬러렌즈 적용하기

7 이번에는 [컬러렌즈] 아이콘을 터치한 다음 [Gray]를 선택하여 눈동자에 회색 계열의 렌즈 효과를 적용합니다.

04 영상 촬영 후 파일로 저장하기

⌘ **영상 촬영하기**

1 색채와 메이크업이 적용되면 [비디오] 아이콘을 터치한 다음 [녹화] 아이콘을 터치하여 영상을 촬영합니다.

⌘ **촬영 종료하기**

2 영상 촬영을 마치면 [종료] 아이콘을 터치합니다.

3 그림과 같은 화면이 표시되면 [화살표] 아이콘을 터치하여 저장하거나 [편집] 아이콘을 터치하여 영상을 편집합니다.

☙ 재생 속도 조절하기

4 영상 재생 속도를 조정할 수 있는 재생 속도 조절 화면이 표시됩니다. 원하는 재생 속도를 선택합니다. 여기서는 [0.5x]를 선택하여 조금 느리게 재생되도록 하였습니다.

☙ 특수 효과 적용하기

5 [Effect]를 터치하여 원하는 영상 효과를 선택하면 녹화된 영상에 특수 효과를 적용할 수 있습니다. 여기서는 [REC]를 선택하였습니다.

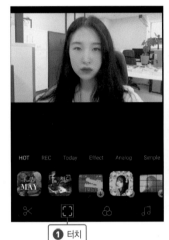

☙ 색상 필터 적용하기

6 화면 하단의 [필터] 아이콘을 터치하고 영상에 원하는 색상 필터를 적용합니다. 여기서는 [W2]를 선택하였습니다.

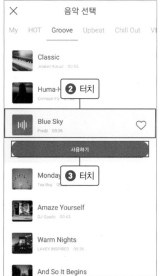

배경 음악 적용하기

7 화면 하단의 [오디오] 아이콘을 터치하면 음악 선택 화면이 표시됩니다.
사용하려는 음악 항목을 터치하고 [사용하기] 버튼을 누릅니다.

영상 저장하기

8 녹화된 영상은 [저장]을 터치하여 저장합니다.

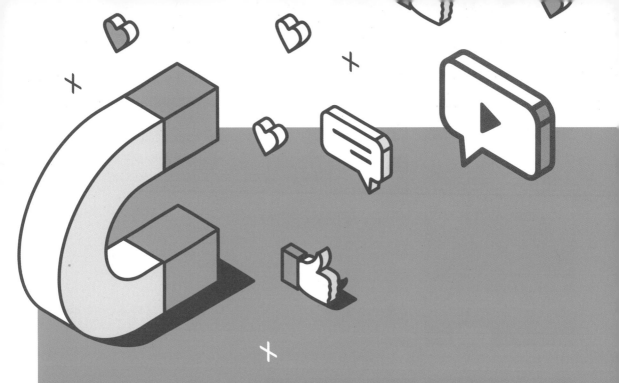

YouTube

PART 06

구독을 유혹하는 꼭 필요한 채널 요소 만들기

유튜브 채널도 홈페이지를 꾸미듯이 주제에 맞게 예쁘게 꾸미면 시청자들이 쉽게 검색하고 지속해서 방문합니다. 여기서는 대표적인 디자인 프로그램인 포토샵을 이용하여 채널 디자인과 미리보기 섬네일 디자인 방법을 알아보고, 이를 위한 소스를 저작권 문제없이 안전하게 사용하는 방법에 대해 알아봅니다.

01 > 국민 대표 디자인 프로그램, 포토샵 살펴보기

대표적인 이미지 편집 프로그램인 포토샵은 누구나 쉽게 이미지의 색을 보정하거나 원하는 크기대로 도큐먼트를 조정 가능하며, 텍스트나 디자인 요소를 작성할 수 있습니다. 여기서는 포토샵의 기본 구성에 대해 알아봅니다.

01 포토샵 화면 구성 미리보기

❶ **홈** : 홈 버튼을 누르면 포토샵 시작 화면으로 이동합니다.

❷ **메뉴 표시줄** : 포토샵 기능들이 메뉴 형식으로 위치해 있습니다.

❸ **도구 패널** : 주요 기능들을 아이콘 형식으로 만든 도구 모음입니다.

❹ **옵션바** : 선택한 도구를 세밀하게 조정할 수 있는 옵션이 표시됩니다.

❺ **파일 이름 탭** : 불러들인 이미지의 이름과 확대 비율, 색상 모드를 표시합니다.

❻ **캔버스** : 이미지를 작업하는 공간입니다.

❼ **패널** : 작업에 필요한 옵션이 팔레트 형태로 표시됩니다.

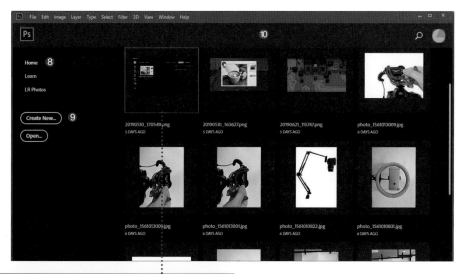

유튜브 처음 시작하기

유튜브 핵심 기능 배우기

영상 업로드와 수정하기

내 채널 관리하기

영상 편집하기

채널 요소 만들기

유튜브로 수익 내기

❽ **홈 화면** : 홈 버튼을 누르면 홈 화면으로 이동하며, 새 도큐먼트를 선택하거나 이미지를 불러올 수 있습니다.

❾ **새 도큐먼트** : 새로운 도큐먼트를 만들기 위해 사진이나 인쇄, 웹, 모바일, 필름&오디오 형식에 맞게 디자인 포맷을 제공합니다.

❿ **미리보기** : 가장 최근에 연 파일을 작은 이미지 형태로 보여주며, 이 이미지를 선택하여 포토샵 작업 화면으로 불러올 수 있습니다.

⓫ **컬러 패널** : 이미지 작업에서 컬러를 직접 선택하거나 컬러 값을 입력하여 색상을 지정하는 패널입니다.

⓬ **보정 패널** : 이미지 색상과 색조, 밝기 값 등을 보정할 때 사용하는 패널입니다.

⓭ **레이어 패널** : 합성 작업을 할 때 이미지와 문자, 일러스트 형태의 모양(셰이프) 등이 모여 있는 패널입니다.

02 > 포토샵 무료 체험판 설치하기

이미지 크기 조정이나 합성, 텍스트 입력 등 디자인 작업이 필요할 때 포토샵 프로그램은 필수입니다. 어도비 사이트(https://www.adobe.com/kr)에서는 포토샵을 다운로드하여 7일간 무료로 사용할 수 있으며, 이후에는 매월 24,000원으로 포토샵 정품을 사용할 수 있습니다.

01 포토샵 최신 버전(CC 2019) 설치하기

◈ 포토샵 다운로드하기

1 웹 브라우저에서 어도비 사이트(http://www.adobe.com/kr)로 이동합니다. 메뉴의 [지원]–[다운로드 및 설치]를 누른 다음 'Photoshop'을 누릅니다.

TIP 2019년 7월 기준으로 어도비 웹 사이트에서는 포토샵 CC 2019를 다운로드할 수 있으며, 사이트 정책에 따라 화면 구성 및 지원 기능, 프로그램 버전이 달라질 수 있습니다.

◈ 무료 체험판 시작하기

2 [무료 체험판 시작] 버튼을 누릅니다.

⬦ Creative Cloud 설치하기

3 Creative Cloud 데스크톱을 설치하지 않았으면 먼저 Creative Cloud 데스크톱이 설치되며, Creative Cloud 데스크톱이 설치되어 있으면 앱을 열지 묻는 창이 표시됩니다.

⬦ 앱 환경 설정하기

4 Creative Cloud 앱이 실행되면 로그인 항목에 ID와 암호를 입력하고 [로그인] 버튼을 누릅니다.
언어 설정을 위해 오른쪽 상단의 [설정] 아이콘을 누르고 [환경 설정]을 선택합니다.

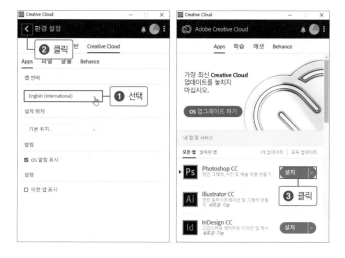

⬦ 영문 버전 설치하기

5 앱 언어를 'English (International)'로 선택한 다음 [뒤로 가기] 아이콘을 누릅니다. 포토샵 프로그램의 [설치] 버튼을 눌러 설치합니다.

유튜브 처음 시작하기

유튜브 핵심 기능 배우기

영상 업로드와 수정하기

내 채널 관리하기

영상 편집하기

채널 요소 만들기

유튜브로 수익 내기

03 > 나만의 채널 간판, 채널 아트 만들기

채널 아트는 내 채널을 홍보하는 배너 광고와도 같습니다. 채널의 이름과 주제에 맞는 이미지를 합성해 제작하며, 유튜브에서 제공하는 템플릿 이미지를 이용하여 작업하면 손쉽게 제작할 수 있습니다.

01 템플릿 다운로드하기

내 계정 선택하기

1 웹 브라우저에서 'www.youtube.com'을 입력하여 유튜브를 표시합니다. 유튜브 홈 화면에서 [내 계정] 아이콘을 누르고 [내 채널]을 선택합니다.

채널 맞춤 설정하기

2 내 채널 화면에서 [채널 맞춤설정] 버튼을 누릅니다.

⬦ 채널 아트 추가하기

3 채널 아트를 변경하기 위해 [채널 아트 추가] 버튼을 누릅니다.

⬦ 아트 화면 표시하기

4 채널 아트 화면이 표시됩니다. 유튜브에서 제공하는 채널 아트 템플릿 이미지를 다운로드하기 위해 [채널 아트 만드는 방법]을 누릅니다.

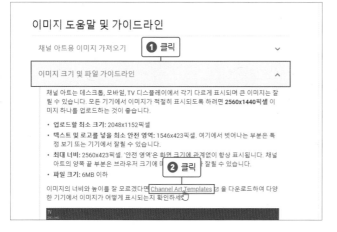

⬦ 템플릿 다운로드하기

5 [이미지 크기 및 파일 가이드라인]을 누른 다음 [Channel Art Templates]를 누릅니다.

📎 템플릿 다운로드하기

6 템플릿 파일이 다운로드 됩니다. 설치 파일의 [팝업 (∨)] 아이콘을 누르고 [폴더 열기]를 선택합니다. 다운로드된 압축 파일을 풀면 템플릿 파일을 확인할 수 있습니다.

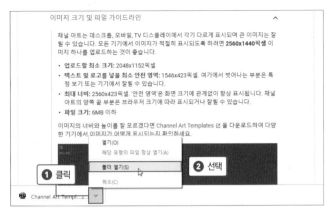

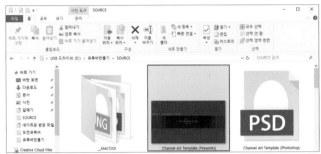

---

(02) 템플릿 위에 배경 이미지 붙이기

📎 포토샵에서 템플릿 열기

1 포토샵을 실행한 다음 'Channel Art Template' 파일을 포토샵으로 드래그하여 엽니다. 그림과 같이 템플릿 이미지가 표시됩니다.

TIP 가운데 영역이 태블릿 PC나 스마트폰에 이미지가 표시되는 영역입니다.

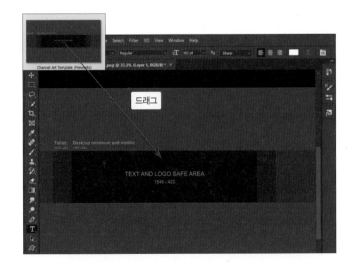

배경 이미지 불러오기

2 [예제 소스] 폴더에서 '배경.jpg' 파일을 선택하고 'Channel Art Template' 이미지로 드래그합니다. 배경 이미지 주변에 앵커점이 표시됩니다.

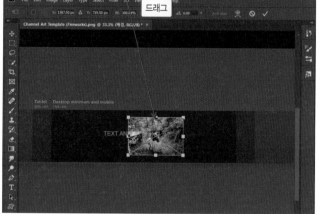

배경 이미지 확장하기

3 Alt 를 누른 채 이미지 모서리 부분의 앵커점을 바깥으로 드래그하여 'Channel Art Template' 이미지 크기만큼 확장한 다음 Enter 를 누릅니다.

✪ 반투명하게 만들기

4 템플릿 이미지가 보이도록 배경 이미지를 반투명하게 조정하기 위해 레이어 패널에서 Opacity 슬라이더를 조정하여 '37%'로 설정합니다.

✪ 위치 조정하기

5 템플릿 이미지 가운데 영역에 이미지를 맞추기 위해 도구 패널에서 [이동] 도구를 선택한 다음 배경 이미지를 위로 드래그합니다.

TIP 모바일과 태블릿 PC 영역인 가운데 진회색 영역에 인물과 강아지 이미지가 위치되도록 조정합니다.

---

03 배경 이미지에 텍스트 입력하기

✪ 텍스트 입력하기

1 도구 패널에서 [텍스트] 도구를 선택한 다음 폰트를 [Nanum Square], 텍스트 크기를 '130pt', 텍스트 색상을 [흰색]으로 지정합니다. 이미지 가운데를 눌러 '미키&미니 스토리'를 입력합니다.

✎ 투명도 조정하기

2 배경 이미지를 원래대로 되돌리기 위해 레이어 패널에서 [배경] 레이어를 선택한 상태에서 Opacity를 '100%'로 설정합니다. 배경 이미지가 또렷하게 표시됩니다.

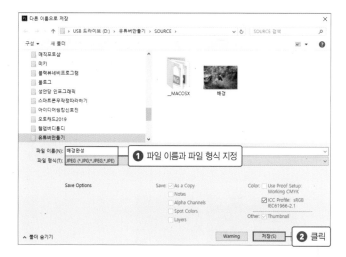

✎ 파일 저장하기

3 완성된 채널 아트 이미지를 저장하기 위해 메뉴에서 [Save] → [Save As]를 실행합니다.
[다른 이름으로 저장] 대화상자가 표시되면 파일 이름을 입력하고 파일 형식을 [JPEG (*.JPG, *.JPEG, *.JPE)]로 지정한 다음 [저장] 버튼을 누릅니다.

4 JPEG 파일로 저장하면 파일 크기를 설정하는 [JPEG Format Options] 대화상자가 표시됩니다. 기본값으로 저장하기 위해 [OK] 버튼을 누릅니다. 채널 아트 이미지가 완성되었습니다.

04 > 내 채널의 배너 광고판, 채널 아트 등록하기

포토샵으로 작업한 채널 아트 이미지를 내 채널에 업로드해 보겠습니다. 작업한 이미지를 사진 업로드 화면에서 드래그하는 방식으로 채널 아트를 등록합니다.

01 채널 아트 업로드하기

내 채널 선택하기

1 웹 브라우저에서 'www.youtube.com'을 입력하여 유튜브를 표시합니다. 유튜브 홈 화면에서 [내 계정] 아이콘을 누르고 [내 채널]을 선택합니다.

채널 아트 추가하기

2 내 채널 화면에서 [채널 맞춤 설정] 버튼을 누릅니다. 채널 아트를 변경하기 위해 [채널 아트 추가] 버튼을 누릅니다.

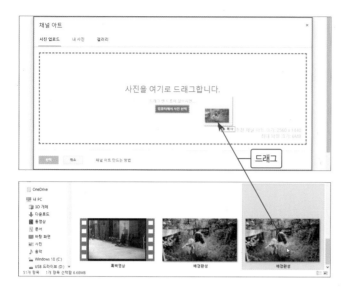

❖ 사진 업로드하기

3 사진 업로드 화면이 표시되면 [예제 소스] 폴더의 '배경완성.jpg' 파일을 [사진을 여기로 드래그합니다.] 창으로 드래그하여 이미지를 추가합니다.

❖ 채널 아트 화면 확인하기

4 사진이 업로드되면 기기에 따라 다르게 보이는 채널아트 이미지 예를 표시합니다. 이미지를 확인한 다음 [선택] 버튼을 누릅니다.

❖ 채널 아트 적용 확인하기

5 내 채널에 채널 아트가 적용된 것을 확인할 수 있습니다.

05 > 내 채널의 얼굴, 채널 아이콘 넣기

유튜브를 실행하면 오른쪽 상단에 채널 아이콘이 표시됩니다. 채널 아이콘은 채널을 대표하는 얼굴이므로, 자신을 나타내는 사진을 사용하는 경우가 대부분입니다. 여기서는 채널 아이콘에 사용할 사진을 선택하고 부분적으로 표시하는 방법을 알아봅니다.

01 채널 아이콘 수정하기

✎ 내 채널 선택하기

1 웹 브라우저에서 'www.youtube.com'을 입력하여 유튜브를 표시합니다. 유튜브 홈 화면에서 [내 계정] 아이콘을 누르고 [내 채널]을 선택합니다.

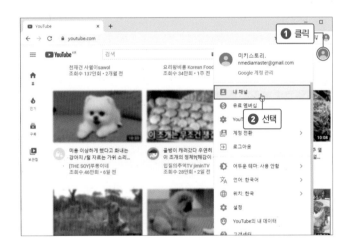

✎ 채널 아이콘 선택하기

2 내 채널 화면이 표시되면 마우스 포인터를 왼쪽 상단의 채널 아이콘에 위치한 다음 카메라 모양의 아이콘이 표시되면 누릅니다.

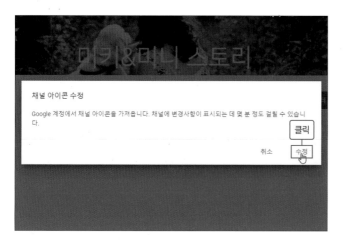

🖋 사진 업로드하기

3 채널 아이콘 수정에 대한 메시지 창이 표시되면 [수정] 버튼을 누릅니다.

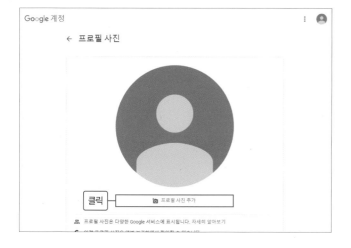

🖋 프로필 사진 추가하기

4 프로필 사진 화면이 표시되면 [프로필 사진 추가] 버튼을 누릅니다.

🖋 사진 선택하기

5 [열기] 대화상자가 표시되면 채널 아이콘으로 사용하려는 사진을 선택합니다. 여기서는 'mini.jpg' 파일을 선택한 다음 [열기] 버튼을 누릅니다.

유튜브 처음 시작하기

유튜브 핵심 기능 배우기

영상 업로드와 수정하기

내 채널 관리하기

영상 편집하기

채널 요소 만들기

유튜브로 수익 내기

✅ 이미지 조정하기

6 자르기 박스가 표시되면 모서리 부분을 드래그하여 이미지에 표시하려는 부분만 지정하고 [프로필 사진으로 설정] 버튼을 누릅니다.

✅ 채널 아이콘 확인하기

7 채널 아이콘이 그림과 같이 적용되었습니다. 이후 유튜브 화면 상단의 내 계정에 표시되며, 언제든지 위와 같은 방법으로 이미지를 교체할 수 있습니다.

채널 아이콘 권장 포맷

새로운 채널 아이콘을 만들 때는 다음과 같은 사양으로 만듭니다. 유명 인사나 과도한 노출, 예술작품 또는 저작권 보호 이미지가 포함된 사진은 유튜브의 커뮤니티 가이드에 따라 금지되므로 업로드하지 않기 바랍니다.

- JPG, GIF, BMP 또는 PNG 파일(애니메이션 GIF 제외)
- 800×800픽셀 이미지(권장)
- 98×98픽셀로 렌더링되는 정사각형 또는 원형 이미지

유튜브 처음 시작하기

유튜브 핵심 기능 배우기

영상 업로드와 수정하기

내 채널 관리하기

영상 편집하기

채널 요소 만들기

유튜브로 수익 내기

06 > 구독을 부르는 구독 워터마크 만들기

유튜브에 영상을 올리면 영상 화면 오른쪽 하단에 저작권을 표시하는 워터마크를 넣을 수 있습니다. 구독 마크(워터마크)를 누르면 채널 구독으로 연결되므로 워터마크를 만드는 것이 채널 구독수를 늘리는 데 중요한 역할을 하기도 합니다.

01 새 도큐먼트 만들기

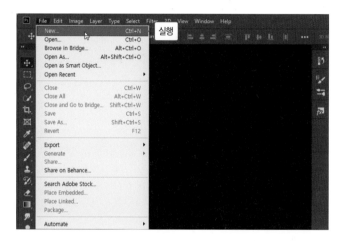

◇ New 명령 실행하기

1 포토샵을 실행한 다음 새로운 도큐먼트를 만들기 위해 메뉴에서 [File] → [New]를 실행합니다.

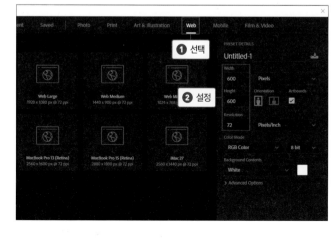

◇ 도큐먼트 크기 설정하기

2 [New Document] 대화상자가 표시되면 [Web] 탭을 선택합니다. Width와 Height 값을 각각 '600Pixels'로 설정합니다.

투명 배경 설정하기

3 배경 이미지를 투명하게 만들기 위해 Background Contents를 [Transparent]로 선택한 다음 [Create] 버튼을 누릅니다.

02 하트 모양의 이미지 만들기

[셰이프] 도구 선택하기

1 새로운 도큐먼트가 표시되면 하트 모양을 만들기 위해 도구 패널에서 [사용자 셰이프] 도구를 선택합니다.

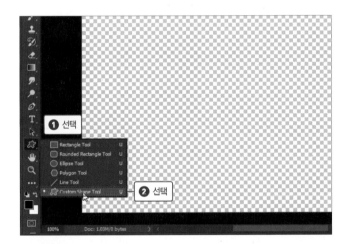

픽셀 모드 지정하기

2 하트 모양을 이미지 형태의 픽셀로 만들기 위해 상단의 옵션바에서 [Pixels]를 선택합니다. 하트 색상을 지정하기 위해 Fill의 색상 박스를 누릅니다.

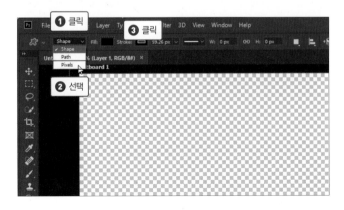

색상 지정하기

3 [Color Picker] 대화상자가 표시되면 원하는 색상 값을 직접 누릅니다. 여기서는 RGB 색상 값을 각각 '255, 13, 13'으로 입력하고 [OK] 버튼을 누릅니다.

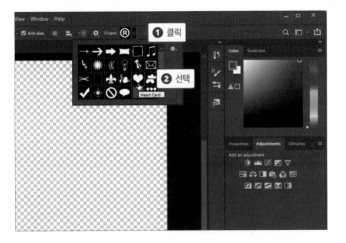

하트 선택하기

4 사용자 셰이프 옵션바에서 Shape의 [팝업(∨)] 아이콘을 누른 다음 하트 모양의 [Heart Card]를 선택합니다.

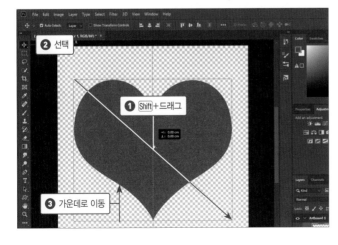

하트 이미지 만들기

5 Shift를 누른 채 드래그하여 하트를 만듭니다. [이동] 도구로 하트 이미지를 선택한 다음 드래그하여 화면 가운데에 배치합니다.

유튜브 처음 시작하기

유튜브 핵심 기능 배우기

영상 업로드와 수정하기

내 채널 관리하기

영상 편집하기

채널 요소 만들기

유튜브로 수익 내기

⊘ 폰트 선택하기

1 텍스트를 입력하기 위해 도구 패널에서 [텍스트] 도구를 선택합니다. 상단의 옵션바에서 폰트의 [팝업(∨)] 아이콘을 누르고 [TimonMonsoriOTF]를 선택합니다. 텍스트 색상을 지정하기 위해 옵션바의 텍스트 색상 박스를 누릅니다.

TIP 티몬 폰트는 무료이며, 다운로드와 설치 방법은 296쪽을 참고하세요.

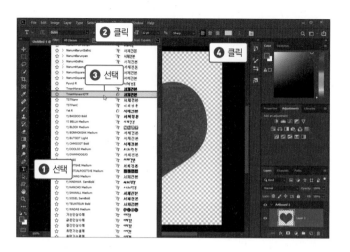

⊘ 텍스트 색상 선택하기

2 [Color Picker] 대화상자가 표시되면 RGB 색상 값을 각각 '255'로 입력한 다음 [OK] 버튼을 누릅니다.

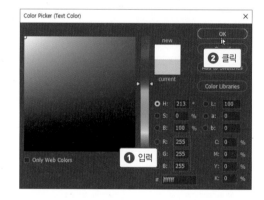

⊘ 텍스트 입력하기

3 하트 이미지 위에 텍스트를 입력합니다. '구독'을 입력한 다음 Enter를 눌러 줄을 바꾸고 '필수'를 입력합니다.

텍스트 크기 조정하기

4 입력한 텍스트를 드래그하여 블록으로 지정한 다음 텍스트 크기에 '120pt'를 입력합니다. 텍스트 줄 간격을 조정하기 위해 Properties 패널에서 Leading을 '120pt'로 설정하여 줄 간격을 알맞게 조정합니다.

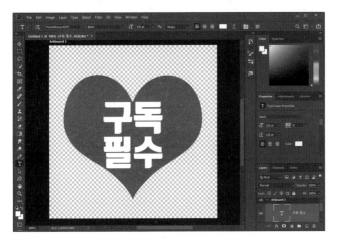

이미지 확인하기

5 투명한 배경 위에 하트 모양의 구독 필수 이미지가 완성되었습니다.

파일 저장하기

6 메뉴에서 [File] → [Save as]를 실행합니다. [다른 이름으로 저장] 대화상자가 표시되면 파일 이름에 '구독저작권'을 입력합니다. 파일 형식을 [PNG (.PNG, *.PNG)]로 선택하고 [저장] 버튼을 누릅니다.

07 > 내 채널로 이동이 가능한 구독 워터마크 등록하기

포토샵에서 작업한 워터마크 이미지를 영상에 표시하기 위해서는 워터마크를 등록해야 합니다. 워터마크를 업로드하면 내 채널에 등록된 영상이 재생될 때 오른쪽 하단에 표시되며, 마우스 포인터로 누르면 해당 채널로 이동할 수 있습니다.

01 워터마크 이미지 등록하기

🖐 유튜브 스튜디오 실행하기

1 웹 브라우저에서 'www.youtube.com'을 입력하여 유튜브 사이트를 표시합니다. 유튜브 홈 화면에서 [내 계정] 아이콘을 누른 다음 [YouTube 스튜디오]를 선택합니다.

🖐 브랜딩 설정하기

2 채널 대시보드 화면이 표시되면 화면 왼쪽 하단의 [설정] 아이콘을 누릅니다.

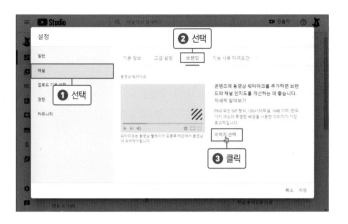

🐾 이미지 선택하기

3 설정 대화상자에서 [채널]을 누른 다음 [브랜딩]을 누르고 [이미지 선택]을 누릅니다.

🐾 워터마크 업로드하기

4 [열기] 대화상자가 표시되면 [예제 소스] 폴더의 '구독저작권.png' 파일을 선택하고 [열기] 버튼을 누릅니다.

🐾 표시 시간 선택하기

5 워터마크 이미지가 표시되면 표시 시간을 선택합니다. 예제에서는 [동영상 끝]을 체크하고 [저장]을 누릅니다.

유튜브 처음 시작하기

유튜브 핵심 기능 배우기

영상 업로드와 수정하기

내 채널 관리하기

영상 편집하기

채널 요소 만들기

유튜브로 수익 내기

6 내가 업로드한 동영상에 워터마크가 어떻게 표시되는지 미리 보여줍니다. 시작 시간은 동영상 재생 이후 5초부터 표시됩니다. [업데이트] 버튼을 누릅니다.

⊘ 영상 확인하기

7 내 채널에 등록된 영상을 재생하면 화면 오른쪽 하단에 워터마크가 표시되며, 마우스 포인터를 위치시키면 [구독] 버튼이 나타나는 것을 확인할 수 있습니다.

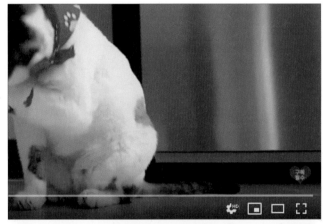

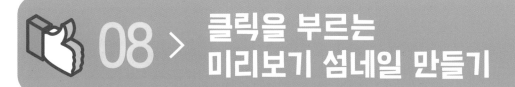

08 > 클릭을 부르는 미리보기 섬네일 만들기

유튜브에서 영상을 검색하면 경쟁 영상들이 작은 섬네일 형식으로 검색됩니다. 이때 시청자들은 눈에 띄는 섬네일 이미지를 보고 영상을 선택하는 경우가 많습니다. 이렇게 중요한 미리보기 섬네일 이미지를 포토샵을 이용하여 만들어 봅니다.

01 원본 이미지 보정하기

⚘ 자동 보정하기

1 포토샵을 실행하고 메뉴의 [File] → [Open]을 실행합니다. [예제 소스] 폴더에서 '인물 스냅.jpg' 파일을 불러옵니다. 먼저 기본 색상을 자동으로 보정하기 위해 메뉴에서 [Image] → [Auto Color]를 실행합니다.

TIP Auto Color 명령은 간단하게 색상을 보정할 때 사용합니다.

⚘ 보정 확인하기

2 전반적으로 채도가 자동 조정되어 피부톤이 보정된 것을 확인할 수 있습니다.

🖐 생생한 색톤으로 보정하기

3 생생한 인물 보정을 위해 메뉴에서 [Image] → [Adjustments] → [Vibrance]를 실행합니다.

🖐 색상톤 확인하기

4 [Vibrance] 대화상자가 표시되면 Vibrance 값을 '90'으로 설정한 다음 [OK] 버튼을 누릅니다. 인물의 색상톤이 생생하게 보정된 것을 확인할 수 있습니다.

⓸ 섬네일 이미지 구성하기

🖐 새 이미지 도큐먼트 만들기

1 새 이미지 도큐먼트를 만들기 위해 메뉴에서 [File] → [New]를 실행합니다.

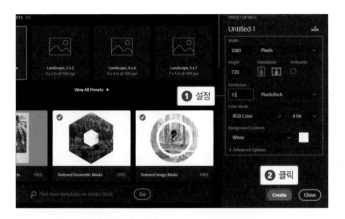

이미지 도큐먼트 크기 설정하기

2 [New Document] 대화상자가 표시되면 이미지 크기를 설정합니다. 여기서는 Width(가로)를 '1280Pixels', Height(세로)를 '720Pixels', Resolution(해상도)을 '72'로 설정했습니다. [Create] 버튼을 누릅니다.

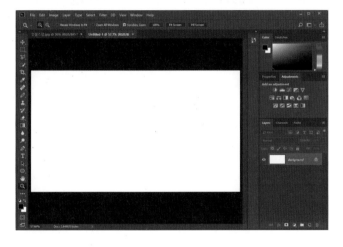

새 이미지 도큐먼트 확인하기

3 가로, 세로가 각각 1280, 720Pixels인 새 도큐먼트가 만들어졌습니다.

알아두기

새 도큐먼트 만들기 옵션

포토샵에서 이미지 작업을 위한 새로운 도큐먼트를 만들 때 사용하는 옵션입니다.

- **Width(가로)** : 이미지의 가로 값을 설정합니다.
- **Height(세로)** : 이미지의 세로 값을 설정합니다.
- **Resolution(해상도)** : 이미지 품질을 결정하는 해상도를 지정합니다. 앱용 이미지는 72dpi로 지정합니다.
- **Background Contents** : 배경 색상을 지정합니다.

인물 이미지 복사하기

4 [인물스냅] 제목 탭을 선택하여 원본 이미지를 표시합니다. 원본 이미지를 복사하기 위해 먼저 [Select] → [All]([Ctrl]+[A])을 실행하여 이미지 전체를을 선택 영역으로 지정한 다음 [Ctrl]+[C]를 눌러 복사합니다.

인물 이미지 붙여넣기

5 새 이미지 도큐먼트 탭을 선택하여 이동한 다음 [Ctrl]+[V]를 눌러 인물 이미지를 붙여넣습니다. 도구 패널에서 [이동] 도구를 선택하고 인물을 오른쪽으로 드래그하여 배치합니다.

03 배경 색상 채우기

선택 도구 사용하기

1 인물 이미지의 왼쪽 부분을 선택 영역으로 지정하기 위해 먼저 도구 패널에서 [빠른 선택] 도구를 선택합니다. 레이어에 상관없이 선택 영역으로 지정하기 위해 옵션바에서 [Sample All Layers]에 체크 표시합니다.

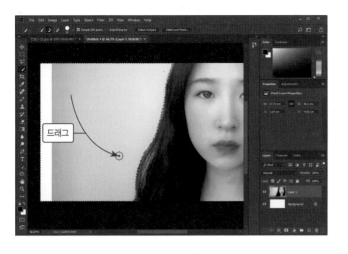

선택 영역 지정하기

2 여백 부분을 드래그하면 드
래그하는 방향에 따라 선택
영역으로 지정됩니다.

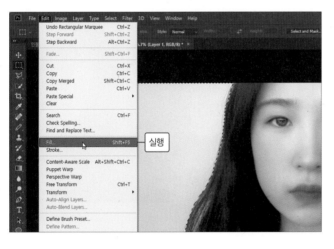

색상 채우기

3 선택 영역에 배경 색상을
채워 보겠습니다. 메뉴에서
[Edit] → [Fill]을 실행합니다.

배경 색상 지정하기

4 [Fill] 대화상자가 표시되면
원하는 색상을 직접 선택하
기 위해 Contents에서 [Color]
를 선택합니다.

색상 적용하기

5 [Color Picker] 대화상자가 표시되면 배경 색상을 지정합니다. 여기서는 RGB 값을 각각 '247, 190, 190'으로 지정했습니다. [OK] 버튼을 누릅니다. [Fill] 대화상자에서 [OK] 버튼을 누릅니다.

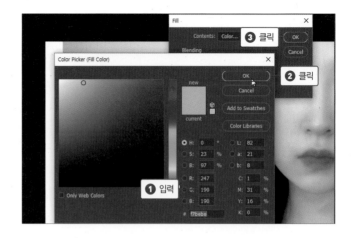

배경 색상 확인하기

6 배경 색상이 선택 영역에 채워진 것을 확인할 수 있습니다.

04 원형 텍스트 배경 만들기

원형 색상 지정하기

1 텍스트가 입력될 원형의 텍스트 배경을 만들겠습니다. 먼저 배경의 색상을 지정하기 위해 도구 패널의 [전경색] 색상 박스를 누릅니다. [Color Picker] 대화상자에서 RGB 값을 각각 '232, 82, 127'로 입력한 다음 [OK] 버튼을 누릅니다.

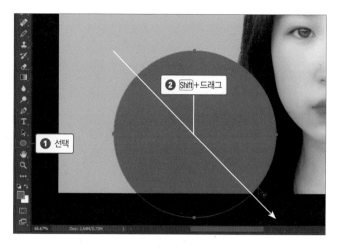

원형 이미지 만들기

2 도구 패널에서 [원형] 도구를 선택한 다음 Shift를 누른 채 드래그하면 그림과 같이 원형의 이미지가 만들어집니다.

혼합 모드 적용하기

3 원형 이미지와 인물이 반투명하게 혼합되도록 레이어 패널에서 혼합 모드를 [Multiply]로 지정합니다.

TIP 혼합 모드는 두 개의 이미지를 별도의 도구로 합성하지 않아도 마치 합성한 듯이 반투명하게 만듭니다.

원형 이미지 추가하기

4 같은 방법으로 원형 이미지를 추가하기 위해 [이동] 도구를 선택한 다음 Shift를 누른 채 원형 이미지를 드래그하여 적절하게 위치를 조정합니다.

혼합 효과 적용하기

5 기존 원이 새로 생긴 원의 위로 보이도록 레이어 패널에서 혼합 효과를 [Darken]으로 지정합니다.

05 그림자가 있는 텍스트 입력하기

텍스트 스타일 지정하기

1 도구 패널에서 [텍스트] 도구를 선택한 다음 폰트와 크기, 컬러를 지정합니다. 여기서는 폰트를 [잘난체(Jalnan)], 폰트 크기를 '116', 텍스트 색상을 [흰색]으로 지정합니다.

텍스트 입력하기

2 배경 이미지를 누른 다음 '일상 뷰티 메이크업!'을 입력합니다.

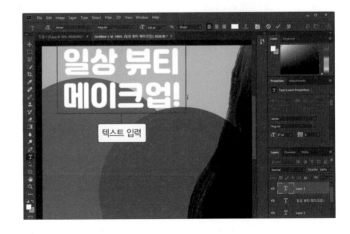

✎ 텍스트 이동하기

3 [이동] 도구로 입력한 텍스트를 선택한 다음 드래그하여 원하는 위치로 이동합니다.

✎ 그림자 효과 실행하기

4 입력한 텍스트를 돋보이기 위해 그림자 효과를 추가하겠습니다.
메뉴의 [Layer] → [Layer Style] → [Drop Shadow]를 실행합니다.

TIP 그림자 효과는 마치 이미지 위에 문자가 떠 있는 느낌을 나타내어 문자의 가독성을 높입니다.

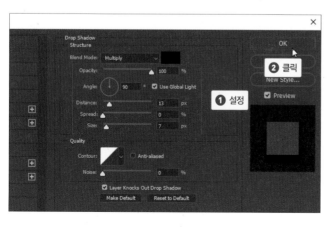

✎ 그림자 효과 설정하기

5 [Layer Style] 대화상자에서 Opacity를 '100%', Angle을 '90°', Distance를 '13px', Size를 '7px'로 설정한 다음 [OK] 버튼을 누릅니다.

뷰티로 처음 시작하기

뷰티로 핵심 기능 배우기

영상 업로드와 수정하기

내 채널 관리하기

영상 편집하기

채널 요소 만들기

뷰티로 수익 내기

⬡ 텍스트 그림자 확인하기

6 텍스트에 그림과 같이 그림자 효과가 적용되어 텍스트가 배경 색상과 구분됩니다.

⬡ 파일 저장하기

7 완성된 이미지를 저장하기 위해 먼저 메뉴에서 [File] → [Save]를 실행합니다. [다른 이름으로 저장] 대화상자가 표시되면 파일 이름을 입력하고 파일 형식을 [JPEG (*.JPG, *. JPEG, *.JPE)]로 선택한 다음 [저장] 버튼을 누릅니다.

⬡ 완성된 이미지 확인하기

8 미리보기 형식의 섬네일 이미지가 완성되었습니다.

09 > 원하는 이미지는 다 있다! 무료 이미지 검색하기

영상 타이틀을 제작하거나 배경 이미지, 아이콘 등 유튜브 영상의 소스로 사용하기 위한 무료 이미지를 다운로드하여 저작권 걱정 없이 사용할 수 있는 사이트를 소개합니다.

01 무료 이미지의 대명사, 픽사베이

픽사베어(https://pixabay.com/ko)는 저작권이 없는 이미지와 동영상을 공유하는 무료 이미지 제공 사이트입니다. 모든 콘텐츠는 픽사베이 라이선스로 출시되며, 이 라이선스는 심지어 상업적 목적으로 사용해도 됩니다.

02 이미지 다운로드가 간단한 픽셀

픽셀(https://www.pexels.com)에서 제공하는 모든 사진은 무료이며, 저작자 표시도 필요 없습니다. 회원 가입을 하지 않아도 바로 이미지를 다운로드할 수 있습니다.

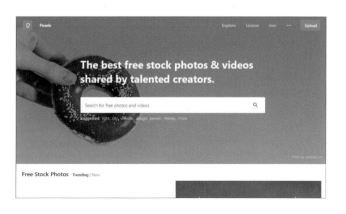

03 무료 일러스트가 돋보이는 프리픽

프리픽(https://www.freepik.com/)에는 배경 이미지, 아이콘, 타이틀을 만들 때 유용한
이미지들이 많습니다. 프리픽의 경우에는 이미지 출처를 표기해야 합니다.

04 종류가 다양한 무료 이미지, 프리큐레이션

프리큐레이션(http://www.freeqration.com)은 저작권 걱정 없는 250만 장의 국내 · 외
무료 이미지를 제공하여 상업적으로도 무료 사용이 가능합니다. 무료 이미지 사이트를 통합 검
색할 수 있으며, 이미지들은 저작권자의 허락 없이 사용할 수 있습니다.

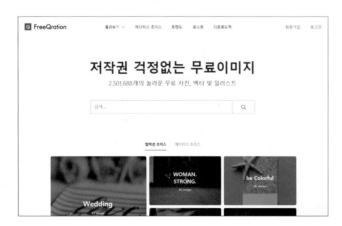

10 > 채널 이미지 제작에 필요한 무료 이미지 다운로드하기

동영상을 제작할 때 이미지 사용이 필요합니다. 만약 이미지를 잘못 사용하면 저작권에 문제가 발생할 수 있으므로 개인이나 상업적 사용에도 저작권 문제가 없는 무료 이미지를 다운로드하는 방법에 대해 알아봅니다.

01 무료 이미지 다운로드하기

🖐 픽사베이 사이트 이동하기

1 웹 브라우저를 실행한 다음 무료 이미지를 제공하는 픽사베이 사이트(www.pixabay.com)로 이동합니다.

🖐 검색어 입력하기

2 필요한 이미지를 검색하기 위해 검색창에 검색어를 입력합니다. 여기서는 바닷가 이미지를 얻기 위해 '해변'을 입력하고 Enter를 누릅니다.

⬦ 이미지 선택하기

3 해변에 연관된 이미지가 검색되면 다운로드하려는 이미지를 선택합니다.

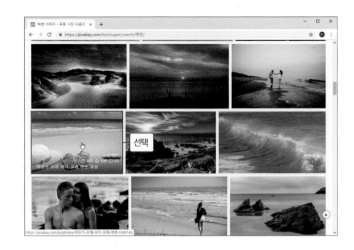

⬦ 해상도 선택하기

4 미리보기 이미지가 표시되면 [무료 다운로드] 버튼을 누릅니다. 해상도를 선택한 다음 [다운로드] 버튼을 누릅니다.

⬦ 질문 답변하기

5 자동 다운로드를 방지하기 위해 '로봇이 아닙니다.'에 체크 표시한 다음 [다운로드] 버튼을 누릅니다. 질문에 맞는 이미지를 선택한 다음 [확인] 버튼을 누릅니다.

6 '로봇이 아닙니다.'가 체크 표시되면 [다운로드] 버튼을 누릅니다.

7 선택한 이미지가 다운로드 되면 웹 브라우저 하단에서 저장된 파일의 [팝업(∨)] 아이콘을 누른 다음 팝업 메뉴에서 [폴더 열기]를 선택합니다.

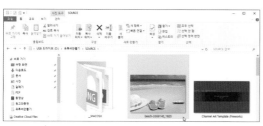

◈ **다운로드한 이미지 확인하기**

8 폴더에 이미지 파일이 저장 되면 파일을 더블클릭하여 다운로드한 이미지를 확인합니다.

유튜브 처음 시작하기

유튜브 핵심 기능 배우기

영상 업로드와 수정하기

내 채널 관리하기

영상 편집하기

채널 요소 만들기

유튜브로 수익 내기

11 > 영상 분위기에 딱 맞는 무료 배경 음악 검색하기

영상에서 배경 음악이나 효과음 등은 의외로 중요한 역할을 합니다. 밋밋하고 어색한 영상의 분위기를 콘텐츠에 맞게 이끌어가기도 합니다. 이러한 배경 음악을 개인이나 상업적으로 사용할 수 있는 무료 오디오 사이트를 알아봅니다.

01 무료 오디오의 대명사, 유튜브 오디오 보관함

유튜브 오디오 보관함(https://www.youtube.com/user/AudioLibraryKR)는 유튜버들이 가장 많이 사용하는 오디오 보관함으로, 바로 듣고 다운로드할 수 있어 편리합니다. 유튜버들을 위한 음원이므로 저작권 걱정 없이 자유롭게 음원을 다운로드하여 사용할 수 있습니다.

02 오디오 보관함 채널

오디오 보관함 채널(https://www.youtube.com/channel/UCht8qITGkBvXKsR1Byln-wA)은 여러 개의 음원 사이트에서 무료로 제공하는 음원들을 모아 소개하는 사이트입니다.

효과음이 필요하다면, 프리사운드

프리사운드(https://www.freesound.org)는 유튜버들이 효과음을 필요로 할 때 많이 사용하는 사이트입니다. 원하는 사운드를 소리 나는 대로 키워드를 입력하여 원하는 소리와 비슷한 유형의 사운드를 검색할 수 있습니다.

04 이미지로 분위기를 선택하는 벤사운드

자료가 많을수록 오히려 선택이 쉽지는 않습니다. 벤사운드(https://www.bensound.com)는 저작권 무료 음원 사이트로, 오디오의 느낌을 이미지로 표현하여 사용자들이 쉽게 음원을 선택하고 다운로드할 수 있도록 구성되어 있습니다.

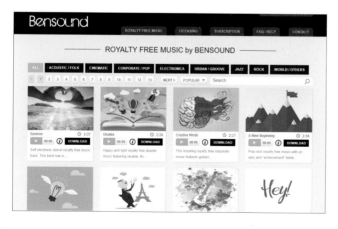

12 > 배경 음악으로 사용할 무료 음악 다운로드하기

음원은 가장 민감한 저작권으로, 동의 없이 사용하면 저작권 문제가 발생하거나 수익을 공유하는 일이 발생하기도 합니다. 여기서는 저작권이 없는 무료 음원을 다운로드하는 방법에 대해 알아봅니다.

01 무료 오디오 다운로드하기

구글 사이트 이동하기

1 웹 브라우저를 실행한 다음 무료 이미지를 제공하는 구글 사이트(www.google.com)로 이동합니다. 검색창에 '오디오보관함'를 입력한 다음 Enter를 누릅니다.

오디오 보관함 검색하기

2 오디오 보관함가 검색되면 'Audio Library–YouTube'를 선택합니다.

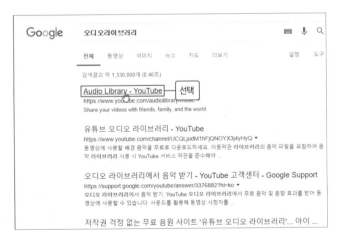

검색창에서 검색하기

3 오디오 보관함 사이트로 이 동하면 검색창에 검색하려 는 음악을 입력합니다. 여기서는 '재즈'를 입력한 다음 Enter 를 누릅 니다.

검색 음악 다운로드하기

4 재즈 관련 음악이 검색됩니 다. 음악 오른쪽의 [다운로 드] 아이콘을 눌러 오디오 파일을 다운로드합니다.

웹 브라우저 하단에서 다운로드 한 음악 파일의 [팝업(∨)] 아이콘 을 누른 다음 팝업 메뉴에서 [열 기]를 선택하면 오디오를 확인할 수 있습니다.

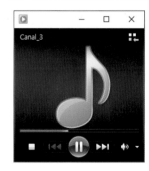

13 > 인트로 영상부터 다운로드! 무료 영상 이용하기

영상을 편집할 때 영상의 첫인상을 표현하는 인트로 영상이나 영상과 합성하여 더 완성도 있는 영상을 위한 소스가 필요합니다. 여기서는 저작권에 상관 없이 무료로 영상을 제공하는 사이트를 소개합니다.

01 인트로 영상을 제공하는 벨로소피

벨로소피(https://www.velosofy.com)는 유튜버들이 영상의 인트로 화면을 만들 때 사용할 영상을 제공합니다. 도형이 움직이는 영상에 텍스트 영상을 합성하면 멋진 인트로 타이틀 영상이 완성됩니다. 다양한 영상 관련 인트로나 타이틀을 만들어 보세요.

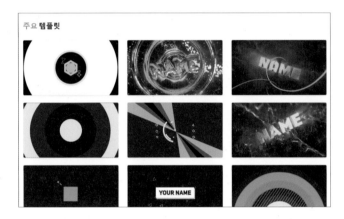

02 풍광 영상이 돋보이는 비디지

비디지(https://www.videezy.com)는 자연 영상이나 멋진 풍광 영상을 제공하는 사이트입니다. 대부분의 영상은 무료로 사용이 가능하며, 일부 고화질 영상은 유료로 제공되고 있습니다.

03 분류별 검색이 쉬운 커버

커버(https://coverr.co)는 제공하는 영상을 분류별로 아이콘화하여 사용자가 쉽게 영상을 검색할 수 있도록 구성되어 있습니다. 다양한 주제의 영상 파일을 무료로 다운로드하여 멋진 영상 편집이 가능합니다.

04 애니메이션 영상을 제공하는 비더리

비더리(http://vidlery.com)는 애니메이션을 전문으로 무료 영상을 제공하는 사이트입니다. 물론 상업 목적으로 복사나 수정, 배포할 수 있으므로 배경 애니메이션이 필요할 경우 원하는 주제의 애니메이션 파일을 다운로드하여 사용하세요.

14 > 내 영상과 합성이 필요해! 무료 동영상 다운로드하기

영상을 합성할 때 소스 영상을 무료로 사용할 수 있다면 훨씬 완성도 있는 영상을 만들 수 있습니다.
여기서는 저작권 문제없이 영상을 다운로드하는 방법에 대해 알아봅니다.

01 무료 동영상 다운로드하기

⬥ 커버 사이트 이동하기

1 웹 브라우저를 실행한 다음 무료 동영상을 제공하는 커버 사이트(www.coverr.co)로 이동합니다.

⬥ 분류별 영상 검색하기

2 사이트 하단에 분류별로 영상이 제공됩니다. '개' 영상을 찾기 위해 [동물] 버튼을 누릅니다.

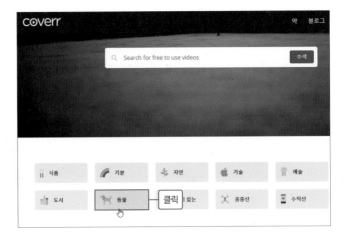

검색 영상 확인하기

3 무료 동물 재고 비디오 영상이 표시됩니다.

4 '개' 관련 이미지들이 검색되어 나타납니다.

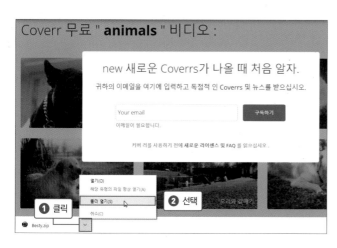

영상 확인하기

5 영상이 다운로드됩니다. 화면 하단에서 다운로드된 동영상 파일의 [팝업(∨)] 아이콘을 누른 다음 팝업 메뉴에서 [폴더 열기]를 선택하면 동영상을 확인할 수 있습니다.

유튜브 처음 시작하기

유튜브 핵심 기능 배우기

영상 업로드와 수정하기

내 채널 관리하기

영상 편집하기

채널 요소 만들기

유튜브로 수익 내기

15 > 영상 자막부터 타이틀까지! 무료 폰트 이용하기

폰트는 최근 들어 저작권에 가장 민감한 요소이므로, 유료 폰트를 사용하거나 저작권에 상관없는 무료 폰트를 다운로드하여 사용하는 것이 좋습니다. 여기서는 유튜브에서 사용하기 좋고, 사용자들에게 인기 있는 무료 폰트를 소개합니다.

01 문자를 많이 넣어야 할 땐, 네이버 나눔체

네이버에서 제공하는 글꼴인 나눔글꼴은 개인 및 기업 사용자를 포함한 모든 사용자에게 무료로 제공되며, 자유롭게 수정하고 재배포할 수 있습니다.

나눔글꼴 모음(https://hangeul.naver.com/2017/nanum) 사이트에서 [나눔글꼴 모음 설치하기] 메뉴의 [윈도우용] 또는 [맥용] 버튼을 눌러 폰트를 설치합니다.

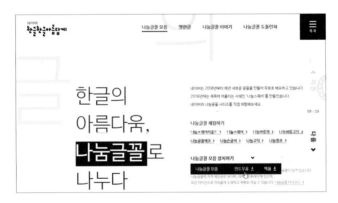

다람쥐 헌 쳇바퀴에 타고파. 1234567890
다람쥐 헌 쳇바퀴에 타고파. 1234567890
다람쥐 헌 쳇바퀴에 타고파. 1234567890
다람쥐 헌 쳇바퀴에 타고파. 1234567890
다람쥐 헌 쳇바퀴에 타고파. 1234567890
다람쥐 헌 쳇바퀴에 타고파. 1234567890
다람쥐 헌 쳇바퀴에 타고파. 1234567890

▲ 나눔 바른 펜체

02 빈티지 스타일을 원한다면, 배달의 민족체

배달의민족(https://www.woowahan.com/#/fonts)에서는 저작권에 상관 없이 아름다운 한글을 쓸 수 있도록 배달의민족 한나체, 주아체, 도현체, 연성체, 기랑해랑체를 만들어 무료로 배포하고 있습니다. 자음과 모음의 획이 서로 이어지는 것이 특징이며, 고딕 느낌이 강한 폰트입니다. 주로 제목이나 타이틀에 많이 사용합니다.

다람쥐 헌 쳇바퀴에 타고파. 1234567890
다람쥐 헌 쳇바퀴에 타고파. 1234567890
다람쥐 헌 쳇바퀴에 타고파. 12345678
다람쥐 헌 쳇바퀴에 타고파. 1234 ◀ 배달의민족 도현체

03 눈에 띄는 제목체를 원한다면, 몬소리체

소셜 커머스 업체인 티몬에서 무료로 제공하는 폰트입니다. 가독성이 좋고, 세련된 느낌으로 상업물이나 유튜브에서 많이 사용하기도 합니다. 티몬 블로그(https://brunch.co.kr/@creative/32)에서 직접 압축 파일을 다운로드하여 사용하면 됩니다.

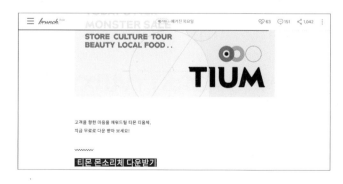

가나다라마바사아자차카타파하
1234567890

ABCDEFGHIJKLMNOPQRSTUVWXYZ
abcdefghijklmnopqrstuvwxyz
1234567890`~!@#$%^&*()_-+=[]{};:",.<>/?

▲ 티몬 몬소리체

 04 아기자기 예쁜 서체가 필요하다면, 야놀자체

㈜야놀자(http://yanolja.in/ko/yafont)에서 개인 및 기업 사용자를 포함한 모든 사용자에게 무료로 제공되는 폰트로 자유롭게 수정, 재배포가 가능합니다. 야놀자체는 팬시 디자인부터 월페이퍼, 유튜브의 아트 디자인 등 아기자기하고 예쁜 텍스트를 디자인할 수 있습니다.

가나다라마바사아자차카타파하
1234567890
ABCDEFGHIJKLMNOPQRSTYVWXYZ
!@#$%^&*()_+<>?

▲ 야놀자체

16 > 영상 타이틀 폰트 사용을 위한 무료 폰트 설치하기

텍스트 입력은 가장 명확하게 영상의 주제를 표현하는 방법입니다. 주제에 맞는 폰트를 잘 선택하면 완성도 있는 결과물을 얻을 수 있습니다. 여기서는 무료 폰트를 내 PC에 다운로드한 다음 설치해 보겠습니다.

01 무료 폰트 사용하기

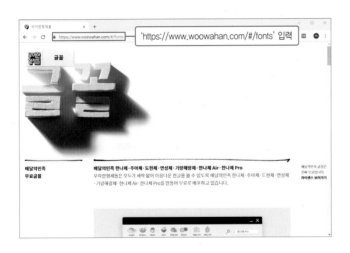

'https://www.woowahan.com/#/fonts' 입력

⊘ 무료 폰트 사이트로 이동하기

1 웹 브라우저를 실행하고 무료 폰트를 제공하는 배달의 민족(https://www.woowahan.com/#/fonts) 사이트로 이동합니다. 여기서는 한나체를 사용할 것입니다.

클릭

⊘ 운영체제 선택하기

2 폰트를 제공하는 화면에서 원하는 폰트를 확인합니다. 여기서는 배달의 민족 한나체 Pro를 다운로드하기 위해 [윈도우용 설치하기] 버튼을 누릅니다.

다운로드 파일 열기

3 폰트 파일이 다운로드되면 사이트 하단에 다운로드된 파일이 표시됩니다. [팝업(∨)] 아이콘을 누른 다음 팝업 메뉴에서 [열기]를 선택합니다.

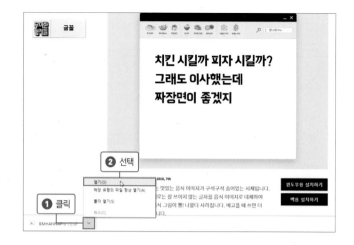

폰트 설치하기

4 설치 화면이 표시되면 폰트 모양을 확인한 다음 [설치] 버튼을 눌러 다운로드한 폰트를 내 PC에 설치합니다.

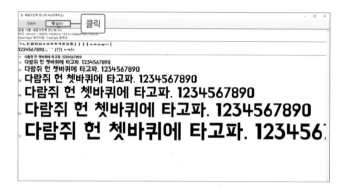

폰트 확인하기

5 폰트가 설치되면 이제 어느 프로그램에서나 폰트를 사용할 수 있습니다. 포토샵 프로그램을 실행하고 옵션바에서 폰트의 [팝업(∨)] 아이콘을 누르면 다운로드한 한나체 Pro가 폰트 목록에 표시된 것을 확인할 수 있습니다.

유튜브 영상 제작에 필요한 저작권 확인하기

저작권은 지적재산권법의 한 형태로, 독창적인 작품의 소유권을 일정 기간 동안 보호하는 역할을 합니다. 제작한 영상이나 이미지, 사운드가 어떻게 사용되는지, 누가 수익을 창출할 수 있는지, 누가 유튜브에서 공유할 수 있는지 등을 관리할 수 있는 독점적인 권리가 저작권 소유자에게 부여됩니다. 디지털 미디어가 널리 보급됨에 따라 저작권법이란 무엇이며 콘텐츠에 어떻게 적용되는지를 이해할 필요성이 점점 커지고 있습니다. 녹음 또는 녹화되거나 컴퓨터에 저장되거나 종이 위에 기록되는 등 독창적인 작품이 매체에 고정되는 순간부터 저작권 보호가 시작되기 때문입니다.

01 영상을 만들기 전에 확인해야 할 사항

❶ 저작자에게 이용 허락 받기

유튜브에 동영상을 업로드하기 전에 음악(단순한 배경 음악 포함), 영상 자료, 사진 등 동영상의 모든 요소에 대한 권리를 확보해야 합니다. 첫 단계는 권리 보유자에게 연락하여 사용 라이선스를 받기 위해 협의하는 것입니다. 일반적으로 라이선스에는 콘텐츠 사용을 허가하는 조항이 명시되지만 독점성, 특정 권리, 기간, 지역 등의 제한 조항이 포함될 수도 있습니다. 라이선스 계약과 관련하여 부여되는 권리가 정확히 무엇인지에 대해 법률 자문을 받는 것도 좋은 방법입니다.

❷ 콘텐츠 라이선스 확보하기

스마트폰 같은 영상 촬영기기로 영상을 촬영할 때 촬영한 내용에 대해 항상 촬영자가 저작권을 갖는 것은 아닙니다. 예를 들어, 콘서트 영상을 촬영한 경우 자료의 특정 권리는 공연자, 음반사 또는 제작사에게 있습니다. 또한 음악을 리메이크해서 올릴 경우에도 허락이 필요합니다. 리메이크 곡에는 라이선스가 필요 없다고 생각하는 경우가 많지만, 곡을 리메이크할 때는 저작권 소유자(작곡가 또는 음반 제작자 등)의 허가를 받아야 합니다. 원본 음원을 재현하거나, 동영상에 곡을 넣거나, 가사를 표시할 때도 추가로 라이선스가 필요할 수 있습니다.

❸ 계정 해지에 주의하기

저작권 게시 중단 알림을 통해 동영상이 삭제되면 저작권 위반 경고가 주어집니다. 저작권 위반 경고를 세 차례 받으면 계정이 해지될 수 있습니다. 또한 저작권 위반 경고를 받으면 수익 창출 자격이 박탈될 수 있습니다. 또한 실시간 스트림이나 보관 처리된 실시간 스트림이 저작권 위반으로 인해 삭제되면 실시간 스트리밍 사용이 90일 동안 제한됩니다. 저작권 게시 중단이 실수로 제출되었다고 생각되면 저작권 게시 중단 알림을 제출한 당사자에게 철회를 요청할 수 있습니다.

❹ 공정한 이용에 알맞은 사용 방법 확인하기

공정한 사용은 특정 상황에서 저작권 소유자의 허가 없이 저작권 보호 자료를 재사용할 수 있음을 의미하는 법적 원칙입니다. 공정 사용에 대해 잘못 알려진 정보가 있는데, 그것은 공정 사용이라고 주장하면 자동으로 공정 사용이 적용된다고 하는 것입니다. 소유하지 않은 저작권 보호 자료를 사용할 때 공정 사용으로 보호받을 수 있다고 보장하는 특별한 방법은 없습니다.

02 공정한 사용이 적용되는 요소

❶ 이용 목적 및 특성(상업 용도인지 또는 비영리 교육용인지 여부 포함)

일반적으로 법정에서는 사용의 '변형성' 여부에 초점을 맞춥니다. 다시 말해 원본에 새로운 표현이나 의미를 추가했는지, 아니면 원본을 베낀 것에 불과한지 여부를 파악합니다. 간혹 상업 용도의 동영상으로 수익을 창출하면서 공정 사용이 적용되는 경우도 있지만, 실제 공정 사용으로 간주되는 경우는 많지 않습니다.

❷ 저작물의 성격

대체로 사실에 입각한 저작물에 있는 자료를 사용하는 경우가 전적으로 허구적인 저작물을 사용하는 경우보다 공정한 것으로 간주됩니다.

❸ 저작물 전체 대비 실제 사용된 양 및 중요도

원본 저작물의 자료에서 소량을 차용하는 경우가 대량을 차용하는 경우보다 공정한 것으로 간주될 가능성이 높습니다. 하지만 상황에 따라 저작물의 '핵심'을 구성하는 자료의 경우 일부만 차용하더라도 공정 사용에 반하는 것으로 판단될 수 있습니다.

❹ 저작물 사용이 잠재 시장에 미치는 영향 또는 저작물의 가치

사용 시 원본 저작물로부터 이익을 취할 수 있는 저작권 소유자에게 피해를 주는 경우 공정 사용으로 간주될 가능성이 낮아집니다. 하지만 패러디와 관련된 소송의 경우, 법정에서 이 요소에 대해 예외를 적용한 사례가 일부 있습니다.

03 유튜브에 영상 업로드 시 저작권

다른 사용자의 콘텐츠를 내 동영상에 사용할 권한을 얻으려면 저작권 보호 자료를 동영상에 포함하려는 경우 일반적으로 먼저 사용 허가를 받아야 합니다. 예를 들어, 유튜브는 이미 사이트에 업로드된 콘텐츠를 사용할 권한을 부여할 수 없습니다. 다른 사용자의 유튜브 동영상을 사용하고 싶다면 직접 연락하는 것이 좋습니다. 일부 사용자는 연락 가능한 방법을 자신의 채널에 공개합니다.

직접 구매했거나 녹화한 콘텐츠를 사용한 경우에도 삭제되는 경우가 있습니다. 콘텐츠를 구매했다고 해서 유튜브에 구매한 콘텐츠를 업로드할 권한을 소유한 것은 아닙니다. 저작권 소유자의 출처를 밝힌 경우에도 구매한 콘텐츠가 포함된 동영상을 게시하면 저작권법을 위반할 수 있습니다. 또한 콘텐츠를 직접 녹화했다고 해서 이 콘텐츠를 유튜브에 업로드할 수 있는 권리를 소유했다고 볼 수 없습니다. 배경 음악으로 저작권 보호 음악이 재생되는 경우 등 직접 녹화한 콘텐츠에 타인의 저작권 보호 콘텐츠가 포함되어 있다면 관련 저작권 소유자로부터 허가를 받아야 합니다.

04 공정한 사용에 관해 자주 발생하는 저작권

Q1. 저작권 소유자를 밝히면 보호받을 수 있나요?

공정 사용 판단에서 보통 변형성이 중요한 역할을 합니다. 저작권 보호를 받는 동영상의 소유자를 밝히더라도 원본 자료를 변형하지 않은 복사본에는 공정 사용이 적용되지 않습니다. '모든 권리는 원저자에게 있음'이나 '타인 소유의 자료'와 같은 표현을 사용한다고 해서 자동으로 자료에 공정 사용이 적용되지 않으며 저작권 소유자의 허가를 받았음을 의미하지도 않습니다.

Q2. 동영상에 면책조항을 게시하면 보호받을 수 있나요?

소유하지 않은 저작권 보호 자료를 사용할 때 공정 사용으로 보호받을 수 있다고 보장하는 특별한 방법은 없습니다. '저작권 침해 의도 없음'과 같은 문구를 포함해도 저작권 침해 신고로부터 자동으로 보호되지 않습니다.

Q3. 타인의 저작물에 직접 만든 원본 자료를 추가하면 보호받을 수 있나요?

타인의 콘텐츠에 직접 만든 자료를 일부 추가했더라도 특히 원본에 새로운 표현이나 의미, 메시지를 추가하지 못한 경우 공정 사용으로 간주되지 않을 수 있습니다.

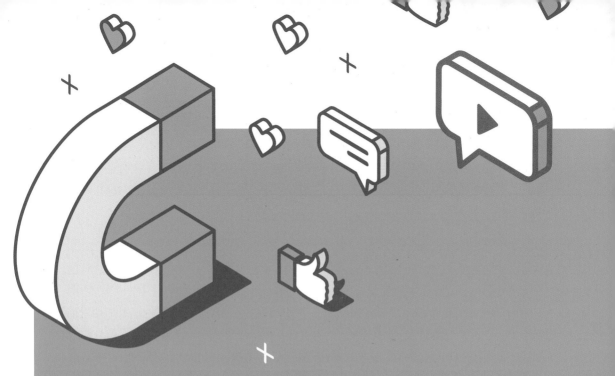

YouTube

PART 07

채널 수익 설정과
내 채널 분석하기

유튜브로 자신이 잘하는 아이템을 영상으로 업로드하는 즐거움뿐만 아니라 수익까지 올릴 수 있다면 더욱 좋겠죠? '지피지기면 백전백승!' 일단 채널 수익을 위한 설정 방법부터 내 영상을 어디에서, 어떤 경로를 통해 시청하는지를 파악하여 전략적으로 내 채널을 분석하는 방법에 대해 알아봅니다.

01 > 내 채널을 알고, 콘텐츠를 알면 수익이 보인다!

유튜브에서는 지금까지 올린 동영상을 기준으로 다양한 분석을 통해 통계 데이터를 제공하고 있습니다. 이러한 분석 자료를 살펴보면 앞으로 내 채널을 어떻게 관리하고, 진행해 나갈 것인지 방향을 정하는 데 도움이 됩니다. 여기서는 알아두면 좋을 유튜브 분석 기능에 대해 살펴봅니다.

❶ **개요 화면** : 유튜브에서의 콘텐츠 실적과 관련된 핵심 요약을 확인할 수 있습니다. 실시간으로 업데이트되기 때문에 잠재적인 조회 수를 미리 예측하는 데 필요한 정보를 얻을 수 있습니다.

❷ **실시간** : 구독자 및 조회 수가 실시간으로 반영되어 표시됩니다.

유튜브 처음 시작하기

유튜브 핵심 기능 배우기

영상 업로드와 수정하기

내 채널 관리하기

영상 편집하기

채널 요소 만들기

유튜브 홈 화면

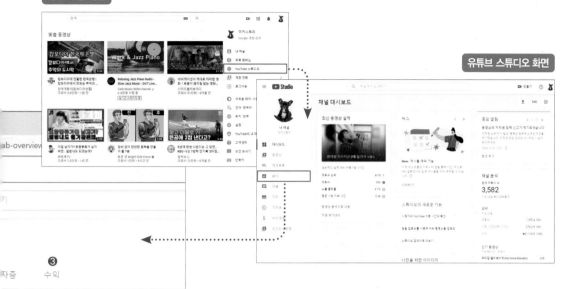

유튜브 스튜디오 화면

❸ **수익 화면** : 광고 수익 데이터, 광고 노출 수, 거래 수익, 월별 추정 수익 등 수익과 관련된 데이터를 제공합니다.

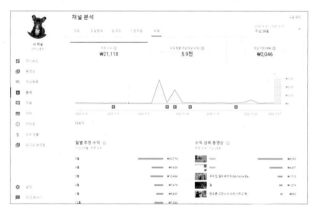

❹ **고급 모드** : 고급 모드에서는 영상별 조회 수, 시청 시간, 해당 영상으로 인한 구독자 유입 현황, 추정 수익, 노출 수, 노출 클릭률, 시청자 분포 등 영상에 대한 분석을 자세하게 확인할 수 있습니다.

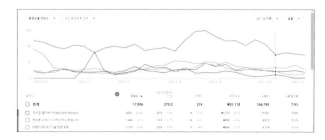

02 > 재미도 좋지만 수익도 굿! 채널 수익 설정하기

유튜브 채널을 만들었다면 내가 올린 유튜브 영상으로 수익을 창출하기 위해서는 구글 에드센스에 내 채널을 등록해야 합니다. 구독자 수가 1,000명이 되고, 1년 동안의 동영상 감상 시간이 4,000 시간이 되면 에드센스 등록이 승인됩니다.

01 수익 창출 신청하기

✍ 유튜브 스튜디오 표시하기

1 유튜브에서 [내 계정] 아이콘을 누른 다음 [YouTube 스튜디오]를 선택합니다.

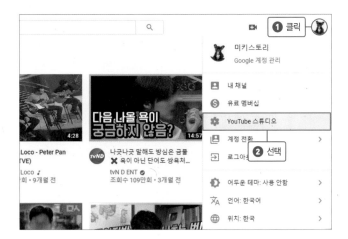

✍ 수익 창출 시작하기

2 [수익 창출]을 선택합니다. 수익 창출 항목에서 [지금 신청하기] 버튼을 누릅니다.

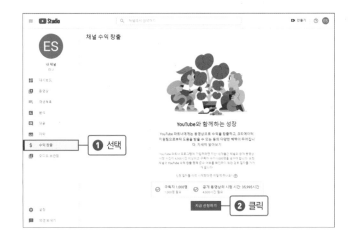

3 채널 수익 창출을 위한 3
단계 과정이 표시됩니다.
YouTube 파트너 프로그램 약관
을 검토하기 위해 1단계의 [시작]
버튼을 누릅니다.

유튜브 처음 시작하기

유튜브 핵심 기능 배우기

영상 업로드와 수정하기

내 채널 관리하기

영상 편집하기

채널 요소 만들기

유튜브로 수익 내기

ⓛ유튜브 파트너 프로그램 가입하기

① 체크 표시 **② 클릭**

✎ 애드센스 가입하기

1 YouTube 파트너 프로그
램 약관이 표시되면 동의하
기 위해 약관을 체크 표시한 다
음 [약관 동의] 버튼을 누릅니다.

2 에드센스에 가입하기 위해
[시작] 버튼을 누릅니다.

3 수익 창출에 대한 내용을
확인한 다음 [아니요. 기
존 계정이 없습니다.]를 선택하고
[계속] 버튼을 누릅니다.

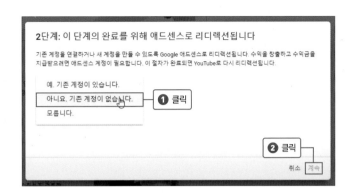

---

(03) 수익 창출 계정 등록하기

🔖 수익 창출 계정 만들기

1 수익 창출 계정을 선택하는
화면이 나타나면 해당 계정
을 누르고 국가를 지정합니다.

2 이용 약관이 표시되면 약관
동의란에 체크 표시한 다음
[계정 만들기] 버튼을 누릅니다.
손쉬운 광고 게재 창이 표시되면
[시작하기] 버튼을 누릅니다.

04 수익 창출 수취인 등록하기

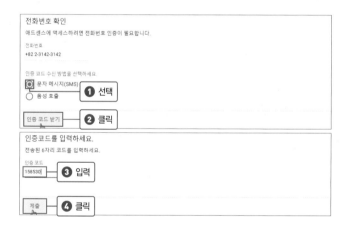

❶ 개인 유형과 주소, 우편
번호, 전화번호 입력

❷ 클릭

전화번호 확인
애드센스에 액세스하려면 전화번호 인증이 필요합니다.

전화번호
+82 2-3142-3142

인증 코드 수신 방법을 선택하세요.
○ 문자 메시지(SMS) ❶ 선택
○ 음성 호출

인증 코드 받기 ❷ 클릭

인증코드를 입력하세요.
전송된 6자리 코드를 입력하세요.

인증 코드
158530 ❸ 입력

제출 ❹ 클릭

3단계 진행 중
검토를 받습니다

YouTube에서 채널이 YouTube 수익 창출 정책을 준수하는지 검토합니다. 1, 2단계를 완료하면 이 단계가 자동으로 시작됩니다. 최근 전세계 상황으로 인해 신청 검토가 지연될 수 있습니다.
자세히 알아보기

YouTube 파트너 프로그램에 가입하면 동영상의 수익 창출을 지원해 드립니다.

✎ 수취인 정보 등록하기

1 수취인 주소 세부정보 화면이 표시되면 개인 유형과 주소, 우편번호, 전화번호를 입력한 다음 [제출] 버튼을 누릅니다.

TIP 하나의 수취인 이름에는 하나의 애드센스 계정만 보유할 수 있습니다. 유튜브를 통해 생성한 중복된 애드센스 계정은 승인되지 않으며 연결된 유튜브 채널에서 수익 창출이 중지됩니다.

2 전화번호 확인을 위한 인증 화면이 표시됩니다. [문자 메시지(SMS)]를 선택한 다음 [인증코드 받기] 버튼을 누릅니다. 인증 코드를 전송받았다면 인증 코드를 입력한 다음 [제출] 버튼을 누릅니다.

✎ 에드센스 시작하기

3 수익 창출 신청이 완료되었습니다. 유튜브 내부에서 본인의 채널이 수익을 창출하기에 적합한지 내부적으로 검토하고 승인을 해줍니다. 승인될 때까지 기다려야 합니다.

4 [수익 창출 환경 설정 설정] 대화상자가 표시되면 광고 형식을 선택합니다. 모든 광고 유형을 체크 표시하고 [저장] 버튼을 누릅니다.

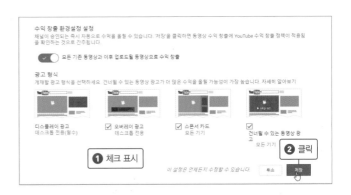

5 구독자 1,000명 및 12개월 동안의 시청 시간 4,000시간에 도달한 후 검토 받기 단계로 넘어갑니다. 이 조건이 충족될 때까지 기다려야 하며, 그 사이에 동영상을 꾸준히 올려 구독자 수를 늘려야 합니다.

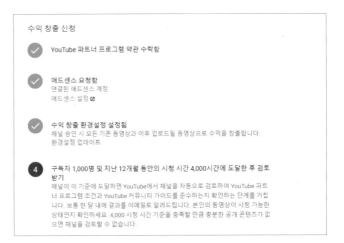

05 핀(PIN) 번호 제출하기

◈ 구글 서류 받기

1 유튜브 파트너가 되고 난 후에 시간이 지나면 다음과 같은 서류가 구글 회원 정보에 명시된 주소로 발송이 됩니다. 이 서류는 구글 에드센스에서 수입을 지급받을 계좌를 연결하는 데에 필요한 서류입니다. '핀(PIN) 번호'와 지급 방식에 대한 설명이 기재되어 있습니다.

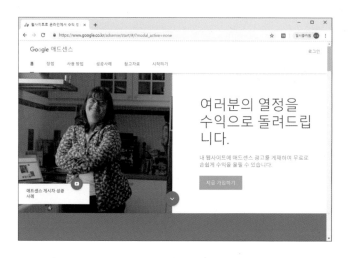

유튜브 처음 시작하기

유튜브 핵심 기능 배우기

영상 업로드와 수정하기

내 채널 관리하기

영상 편집하기

채널 요소 만들기

유튜브로 수익 내기

에드센스 로그인하기

2 www.google.com/ad sense/ 페이지에서 에드센스 신청 시 사용했던 이메일 주소와 비밀번호로 애드센스 계정에 로그인합니다.

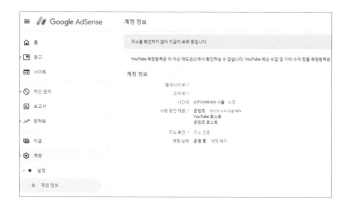

주소 인증하기

3 [계정] 아이콘을 누른 다음 [계정]을 누르고 [설정]을 선택합니다. 에드센스 메뉴에서 [계정 정보]를 누른 후 [주소 인증]을 누릅니다.

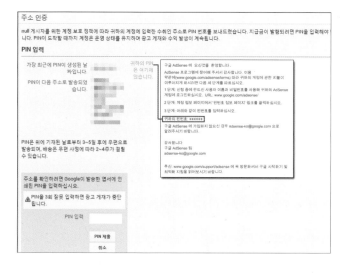

PIN 제출하기

4 서류에 명시된 PIN 번호를 입력하고 [PIN 제출] 버튼을 누릅니다. 이제 에드센스에서 수입을 지급받을 수 있습니다. 계정 잔액이 지급 기준액(100달러)을 초과하고 지급 보류가 없으면 매월 21일과 26일 사이에 수입이 지급됩니다.

에드센스 수익 지급받기

1 조건이 충족되면 에드센스에서 수익을 얻기 위해 웹 브라우저를 실행한 다음 구글 에드센스(www.google.com/adsense) 사이트로 이동합니다. 홈페이지가 표시되면 유튜브 수익을 지급받기 위해 [메뉴] 아이콘을 누른 다음 [지급]을 선택합니다.

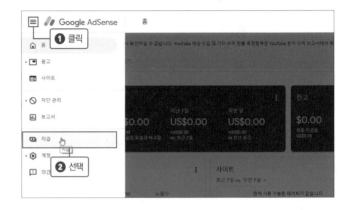

2 수익을 지급받을 방법을 설정하기 위해 [결제 수단 추가]를 누른 다음 은행으로 송금받는 방식을 지정하기 위해 [새 은행 송구 세부정보 추가]를 누릅니다.

3 결제 수단 추가 화면이 표시되면 은행 정보를 입력합니다. [저장] 버튼을 눌러 정보를 저장합니다.

어떤 통장을 만들까?

통장은 크게 입출금 통장과 외화 통장으로 나눌 수 있습니다. 입출금 통장은 바로 원화로 입금되기 때문에 손쉽게 입출금이 가능한 장점이 있습니다. 외화 통장은 달러로 입금되는 번거로움이 있지만 환율을 확인하면서 통장에 입금된 달러를 원화로 출금할 수 있는 장점이 있습니다.

입출금 통장	외화 통장
• 수익 입금 시 원화로 입금 • 1만 원 또는 300불 미만 시 송금 수수료 면제 • 수익금 입금 시 환율 적용	• 수익 입금 시 달러로 입금 • 1만 원 또는 300불 미만 시 송금 수수료 면제 • 환율이 높을 때 원화 출금하여 차익을 얻는 장점

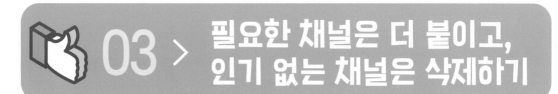

03 > 필요한 채널은 더 붙이고, 인기 없는 채널은 삭제하기

구글 계정은 여러 개의 채널을 추가로 만들 수 있으며, 만든 채널은 삭제할 수도 있습니다. 주로 다른 종류의 채널을 만들고 싶을 때 채널을 추가하여 동영상을 올리고, 불필요한 채널은 삭제 가능합니다.

01 채널 추가하기

◈ **사용자 계정 아이콘 선택하기**

1 채널을 추가하기 위해 [내 계정] 아이콘을 누른 다음 [설정]을 선택합니다.

TIP 하나의 애드센스 계정을 사용해 두 개 이상의 유튜브 채널로 수익을 창출할 수 있습니다.

◈ **새 채널 만들기**

2 계정 화면이 표시되면 [채널 추가 또는 관리]를 누릅니다.

유튜브 처음 시작하기

유튜브 핵심 기능 배우기

영상 업로드와 수정하기

내 채널 관리하기

영상 편집하기

채널 요소 만들기

유튜브로 수익 내기

3 [새 채널 만들기] 버튼을 누릅니다.

✏ 계정 이름 입력하기

4 브랜드 계정 이름 입력창에 '미키이야기'를 입력한 다음 [만들기] 버튼을 누르면 새로운 채널이 만들어집니다.

✏ 채널 확인하기

5 내 계정을 확인하기 위해 [내 계정] 아이콘을 누른 다음 [계정 전환]을 선택합니다.

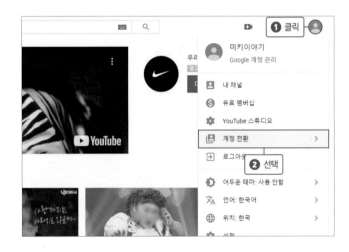

6 내 계정에 그림과 같이 두 개 이상의 채널이 만들어진 것을 확인할 수 있습니다. 채널은 2개 이상도 만들기가 가능합니다.

ⓛ2 채널 삭제하기

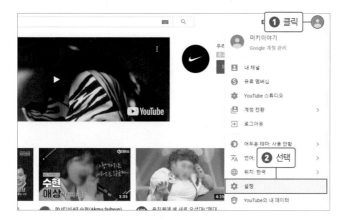

🔖 삭제할 채널 확인하기

1 불필요한 채널을 삭제하기 위해 먼저 [내 계정] 아이콘을 누른 다음 [설정]을 선택합니다.

🔖 계정 삭제하기

2 새롭게 만들었던 채널을 삭제하기 위해 [관리자 추가 또는 삭제]를 누릅니다.

3 브랜드 계정 세부정보 화면에서 [계정 삭제]를 누르면 해당 채널이 삭제되는 것을 확인할 수 있습니다.

04 > 내 채널 실적을 한눈에! 개요 확인하기

유튜브 분석은 채널의 성과를 측정하기 위한 효과적인 도구입니다. 트렌드를 파악하여 동영상 실적에 영향을 미치는 요인을 확인할 수 있습니다. 유튜브 스튜디오에서 [분석]을 선택하면 유튜브에서의 콘텐츠 실적과 관련된 핵심 요약을 확인할 수 있으며, 콘텐츠의 몇 가지 기본 실적 측정 항목을 신속하게 확인할 수 있습니다.

01 내 채널 요약해서 개요 보기

❶ **실적 측정 항목** : 선택한 콘텐츠에 대해 시청 시간, 조회 수 및 수익(해당하는 경우)을 요약합니다.

❷ **실시간** : 실시간으로 구독자 수의 변화나, 조회 수, 인기 동영상을 확인할 수 있습니다.

❸ **기간** : 기간을 설정하여 채널 분석 대상 기간을 설정할 수 있습니다. 7일, 28일, 90일, 365일, 전체, 연도 및 월별로 다양하게 설정할 수 있습니다.

❹ **이 기간의 인기 동영상** : 스크롤을 내리면 하단에 시청 시간을 기준으로 채널에서 가장 인기 있는 콘텐츠 10개를 평균 지속 시간과 조회 수를 섬네일 형태로 표시합니다.

유튜브 스튜디오 표시하기

1 [내 채널] 아이콘을 누른 다음 [YouTube 스튜디오]를 선택합니다.

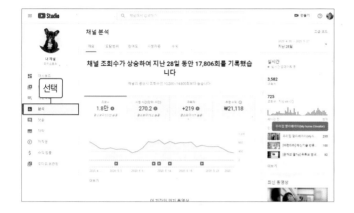

개요 선택하기

2 왼쪽 메뉴에서 [분석]을 선택합니다. 화면에는 시청 시간 및 평균 시청 지속시간, 조회 수, 추정 수익 등을 요약해서 내 채널의 동영상을 분석합니다.

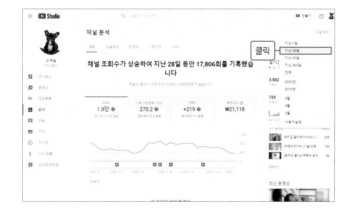

분석 기간 설정하기

3 지난 28일이 기본값으로 설정돼 있습니다. 기간을 설정하여 특정 기간을 지정하여 채널의 분석 결과를 살펴볼 수 있습니다.

설정 저장하기

4 [기본 설정] 대화상자가 표시되면 수익 통화와 기간, 차트와 표의 설정 빈도, 시청 시간 측정 단위, 내보내기 모드를 지정한 다음 [저장] 버튼을 누릅니다.

유튜브 처음 시작하기

유튜브 핵심 기능 배우기

영상 업로드와 수정하기

내 채널 관리하기

영상 편집하기

채널 요소 만들기

유튜브 수익 내기

05 > 고급 모드에서 자세한 분석 보기

고급 모드를 사용하면 채널에 있는 모든 영상의 자세한 데이터를 확인할 수 있습니다. 세밀한 분석을 확인하는 방법에 대해 알아봅니다.

01 고급 모드 사용하기

고급 모드에서는 내 채널에 있는 모든 동영상의 데이터를 한 창에서 확인할 수 있습니다. 잠재적인 조회 수를 예측하고 동영상 프로모션 전략을 개선하는 데 도움이 될 수 있습니다. 개별 동영상에 대한 세부적인 데이터와 통계도 확인할 수 있습니다.

✎ 고급 모드 선택하기

1 분석 창에서 오른쪽 상단에 있는 [고급 모드]를 선택합니다.

✐ 영상 항목 선택하기

2 고급 모드가 표시됩니다. 모든 채널에 있는 영상의 이름과 데이터가 목록형으로 표시됩니다. 분석하려는 영상 항목을 누릅니다.

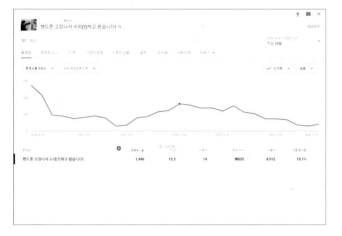

✐ 데이터 확인하기

3 해당 영상의 지난 28일 조회 수와 시청 시간, 해당 동영상으로 유입된 구독자 수, 수익, 노출 수, 노출 클릭률 등 다양한 데이터가 표시됩니다. 상단의 항목을 누르면 항목에 해당하는 다양한 정보를 얻을 수 있습니다.

 알아두기

고급 모드

고급 모드에서는 영상에 대한 기본 정보뿐만 아니라 해당 영상의 시청자에 대한 정보도 얻을 수 있습니다. 연령, 지역, 성별, 날짜, 접속 기기 등 정말 다양한 정보를 얻을 수 있습니다. 고급 모드를 잘 활용하면 채널의 방향성과 콘텐츠 생산 전략을 세우는 것에 상당한 도움이 될 것입니다.

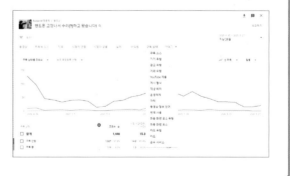

06 > 유튜브로 번 수익은? 내 수익 확인하기

거래 수익 메뉴를 사용하여 YouTube 구매 및 대여, Super Chat 거래를 통해 발생한 추정 수익의 개요를 확인할 수 있습니다. 또한 수익 보고서에서도 거래 수익을 확인할 수 있습니다.

01 거래 수익 확인하기

유튜브에서의 수익은 광고 수익과 스트리밍에서 받은 Super Chat에서 발생하는 수익을 말하며, [수익] 메뉴에서 내 수익을 금액으로 확인할 수 있습니다. 보고서의 거래 수익은 여러 가지 조정으로 인해 최종 결제 금액과 다를 수 있습니다.

수입 데이터는 일반적으로 태평양 표준시 기준 자정으로부터 24시간 내에 표시되지만 데이터가 표시되는 데 2일 정도 걸릴 수도 있습니다. 지연이 발생하면 나중에 다시 확인해야 합니다.

거래 수익에 대한 용어는 다음과 같으므로 용어의 개념을 이해하기 바랍니다.

❶ **거래 수익** : 선택한 기간 및 지역에 대해 유료 콘텐츠 및 Super Chat 등의 거래에서 발생한 추정 순수익으로 파트너가 청구한 환불 금액을 공제한 금액입니다.

❷ **거래** : 선택한 기간 및 지역에 대해 유료 콘텐츠 또는 Super Chat에서 발생한 거래 횟수입니다.

❸ **거래당 수익** : 선택한 기간 및 지역에 대해 유료 콘텐츠 또는 Super Chat을 통해 발생한 거래의 평균 금액입니다.

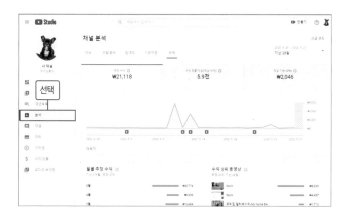

⬦ 수익 선택하기

1 수익을 확인하기 위해 [분석]을 선택한 다음 [수익]을 선택합니다.

⬦ 수익 데이터 확인하기

2 추정 수익은 거래 수익, 추정 광고 수입과 광고 없이 유튜브를 시청하는 YouTube Premium 수입을 합한 수익입니다. 추정 광고 수익은 유튜브 광고를 통해 얻는 광고 수익을 말하며, YouTube Premium 수익은 월정액을 지불하고 광고 없이 YouTube Premiumd를 통해 얻는 수익입니다.

광고 형태

수익 창출이 완료된 유튜버는 영상을 업로드할 때, '수익 창출' 탭에서 광고의 노출 여부와 형태를 선택할 수 있습니다. 광고 형태는 다음과 같으며, 광고가 많이 붙게 되면 시청자들에게 부정적인 효과와 이탈을 초래할 수 있습니다. 따라서 적절하게 선택하는 것이 좋습니다.

디스플레이 광고	☑ 오버레이 광고	☑ 스폰서 카드	☑ 건너뛸 수 있는 동영상 광고	☐ 건너뛸 수 없는 동영상 광고
데스크톱 전용(필수)	데스크톱 전용	모든 기기	모든 기기	모든 기기

07 > 내 영상의 도달 범위 및 참여도 알아보기

도달 범위와 참여도 메뉴에는 노출 수, 노출 클릭률, 조회 수 등 시청자가 내 콘텐츠를 시청한 시간에 대한 데이터를 볼 수 있습니다. 해당 항목을 통해 시청자가 어떻게 내 채널에 참여하는지 알아보고 더 많은 동영상을 보도록 관심을 유도하는 방법을 알 수 있습니다.

01 내 영상 도달 범위 확인하기

🏷 도달 범위 선택하기

1 도달 범위를 확인하기 위해 [분석]을 선택한 다음 [도달 범위]를 선택합니다.

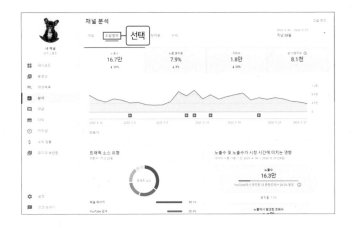

🏷 데이터 확인하기

2 스크롤을 내리면 내 채널에 시청자가 어떻게 도달하였는지에 대한 분석이 표시됩니다.

3 스크롤을 좀 더 내리면 외부 사이트(예 : 네이버, 페이스북, 구글, 다음 등)에서 어떻게 내 채널에 시청자가 도달했는지에 대한 데이터도 확인할 수 있습니다.

TIP 도달 범위를 통해 내 채널의 홍보 방향을 설정할 수 있습니다.

02 시청자의 참여도 확인하기

[분석]에서 [참여도]를 선택하면 시청자의 시청 시간과 평균 영상 시청 지속 시간을 파악할 수 있습니다. 참여도 항목의 분석 결과를 통해 내 채널에 업로드하는 영상 길이 설정 및 최종 화면이나 카드에 표시할 영상을 선정하여 해당 영상의 시청 시간을 늘리는 등 시간과 관련된 전략을 세울 수 있습니다.

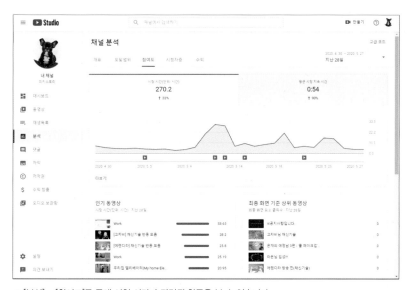

▲ [분석] – [참여도]를 통해 시청 시간과 관련된 항목을 볼 수 있습니다.

08 > 누가 내 채널을 보았을까? 시청자층 확인하기

시청자층을 세부적으로 확인할 수 있습니다. 시청자층 분석을 통해 어떤 사람이 내 채널에 있는 영상을 시청하는지 확인할 수 있습니다.

01 시청자층 확인하기

[분석] – [시청자층]을 선택하면 시청자에 대한 정보를 확인할 수 있습니다. 시청자층에서는 시청자가 유튜브를 이용하는 시간대, 시청자의 국가, 언어, 연령 및 성별, 구독자의 비율 등 시청자에 대한 정보를 확인할 수 있습니다. 분석 결과를 통해 시청자의 타겟을 지정하고 맞춤 영상을 제공하는 전략을 세울 수 있습니다.

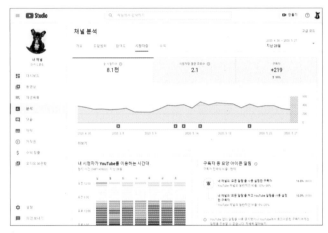

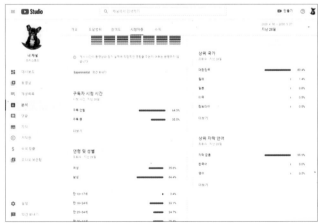

유튜브 처음 시작하기

유튜브 핵심 기능 배우기

영상 업로드와 수정하기

내 채널 관리하기

영상 편집하기

채널 요소 만들기

유튜브 수익 내기

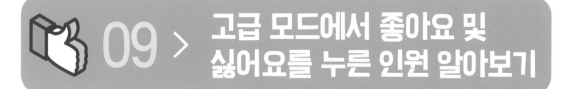

09 > 고급 모드에서 좋아요 및 싫어요를 누른 인원 알아보기

고급 모드에서 동영상에 좋아요 및 싫어요를 표시한 인원을 요약하여 확인할 수 있습니다. 채널에 올려진 동영상, 지역이나 날짜, 기기 유형 기준으로 분류하여 '좋아요'나 '싫어요'를 표시한 데이터를 한눈에 볼 수 있습니다.

01 좋아요 및 싫어요 확인하기

[분석] – [고급 모드]에서 [측정항목 더보기]를 누르면 내 채널에 게시되어 있는 모든 동영상의 분석값을 확인할 수 있습니다. 그 중 [좋아요]를 선택하여 좋아요 및 싫어요에 대한 데이터를 확인할 수 있습니다.

고급 모드에서는 좋아요와 싫어요 이외에도 구독자, 댓글, 수익, 영상 노출 빈도수 등 유튜브 채널 운영에 필요한 다양한 정보를 확인할 수 있습니다. 필요한 정보를 골라서 분석하면 원하는 데이터를 한눈에 일목요연하게 확인할 수 있습니다.

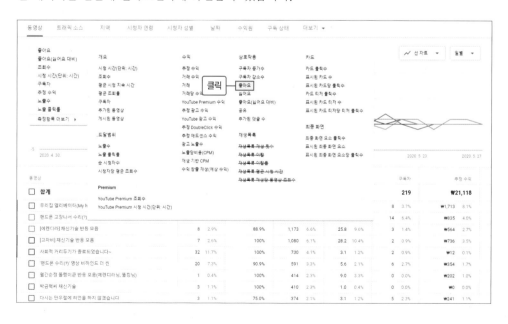

찾아보기

찾아보기

Foreign Copyright:
Joonwon Lee
Address: 3F, 127, Yanghwa-ro, Mapo-gu, Seoul, Republic of Korea
          3rd Floor
Telephone: 82-2-3142-4151, 82-10-4624-6629
E-mail: jwlee@cyber.co.kr

지금 시작해도 괜찮아

유튜브, 이젠 나도! 유튜버

2019. 8. 12. 1판 1쇄 발행
2019. 10. 28. 1판 2쇄 발행
2020. 6. 12. 2판 1쇄 발행
2022. 2. 4. 2판 2쇄 발행

지은이 │ 전은재
펴낸이 │ 이종춘
펴낸곳 │ BM (주)도서출판 성안당
주소 │ 04032 서울시 마포구 양화로 127 첨단빌딩 3층(출판기획 R&D 센터)
       │ 10881 경기도 파주시 문발로 112 파주 출판 문화도시(제작 및 물류)
전화 │ 02) 3142-0036
      │ 031) 950-6300
팩스 │ 031) 955-0510
등록 │ 1973. 2. 1. 제406-2005-000046호
출판사 홈페이지 │ **www.cyber.co.kr**
ISBN │ 978-89-315-5615-5 (13000)
정가 │ **19,800원**

이 책을 만든 사람들
책임 │ 최옥현
진행 │ 김해영
기획·진행 │ 앤미디어
교정·교열 │ 앤미디어
본문·표지 디자인 │ 앤미디어
홍보 │ 김계향, 이보람, 유미나, 서세원
국제부 │ 이선민, 조혜란, 권수경
마케팅 │ 구본철, 차정욱, 나진호, 이동후, 강호묵
마케팅 지원 │ 장상범, 박지연
제작 │ 김유석

▪ **도서 A/S 안내**

성안당에서 발행하는 모든 도서는 저자와 출판사, 그리고 독자가 함께 만들어 나갑니다.
좋은 책을 펴내기 위해 많은 노력을 기울이고 있습니다. 혹시라도 내용상의 오류나 오탈자 등이 발견되면 **"좋은 책은 나라의 보배"**로서 우리 모두가 함께 만들어 간다는 마음으로 연락주시기 바랍니다. 수정 보완하여 더 나은 책이 되도록 최선을 다하겠습니다.
성안당은 늘 독자 여러분들의 소중한 의견을 기다리고 있습니다. 좋은 의견을 보내주시는 분께는 성안당 쇼핑몰의 포인트(3,000포인트)를 적립해 드립니다.

잘못 만들어진 책이나 부록 등이 파손된 경우에는 교환해 드립니다.